品成

阅读经典 品味成长

正向表达

刘霄云 著

人民邮电出版社

北京

图书在版编目（CIP）数据

正向表达 / 刘霄云著. -- 北京 : 人民邮电出版社，
2025. --ISBN 978-7-115-66680-2

Ⅰ.C912.11-49

中国国家版本馆 CIP 数据核字第 2025BN1321 号

◆ 著　　　刘霄云
责任编辑　郑　婷
责任印制　马振武

◆ 人民邮电出版社出版发行　　北京市丰台区成寿寺路 11 号
邮编 100164　　电子邮件 315@ptpress.com.cn
网址 https://www.ptpress.com.cn
文畅阁印刷有限公司印刷

◆ 开本：880×1230　1/32
印张：6.125　　　　　　　2025 年 6 月第 1 版
字数：119 千字　　　　　 2025 年 6 月河北第 1 次印刷

定价：49.80 元

读者服务热线：（010）81055671　印装质量热线：（010）81055316
反盗版热线：（010）81055315

序 言

好好表达，人生"开挂"

你好，我亲爱的读者，感谢你选择了我来与你同行一段路。出发前，请允许我先向你介绍一下我自己——一个"正向表达"的受益者。

因为会表达，我得以过关斩将成为中央电视台主持人；因为会表达，我在面试中脱颖而出，考上北京大学光华管理学院工商管理硕士；因为会表达，我在不到 30 岁时被猎头发掘，进入中国百强企业担任高管；因为会表达，我成立了自己的公司，创立了自己的职场表达力 IP[①]，拥有了众多喜爱我的粉丝。毫不夸张地说，我现在所取得的一切成绩，都要归功于表达能力强。

但说实话，我表达能力强并不是天生的，而是得益于后天的"好的方法 + 刻意练习"。从一开口就脸红的"社恐"人，到依靠正向

[①] IP，Intellectual Property，直译为知识产权，目前在互联网上该词指具有原创性、独占性的文化创意内容或品牌资产。

表达改写人生轨迹的创业者——这条路，我走了 20 年，终于悟出一个真理：正向表达，是帮助我们普通人逆袭的最强杠杆。

什么是正向表达

正向表达不是曲意逢迎的言辞堆砌，而是需要运用心理学原理来搭建一个沟通能量场。这个能量场，是正向的、积极的、主动的，且能够在让自己愉悦的前提下，也让他人愉悦。

我们是这个能量场的主导者——需要将对方拉入自己的"势"中，从更高站位去引领对话的走向。

你为何需要这本书

如果你曾因以下这些困境而辗转难眠：

· 汇报工作时逻辑混乱，眼睁睁看着机会溜走；

· 工作加班加点、尽心尽力，却因不善表达，升职加薪总轮不到自己；

· 与客户谈判，想尽办法说服，对方就是不买账；

· 年会上端着酒杯不知如何破冰，尴尬得脚趾抠地；

· 亲子对话陷入"说了不听，听了不做"的死循环；

· 亲密关系里的双方习惯用沉默代替沟通，误会像雪球一样越滚越大。

这些都不能代表你不够努力，而是说明你缺乏"正向表达"的破局之法。那些年我踩过的坑、撞过的南墙，都淬炼成了可复制的解决方案，为你奉上。

怎么做以及你将获得什么

在本书的大部分篇章中，我都以场景故事作为开篇。你会看到，这些故事中的主人公各有困境，也都有其自身应对困境的方式。如果你发现某些困境你似曾相识或正在经历，那太好了，这本书正好可以帮助到你！我会用心理学知识帮你深入分析困境，并给你提供相对应的建议和解决办法，希望能给你启发，助你一臂之力。

此外，在本书中，我还为你配备了高情商表达利器——用七个心理学效应为你揭示沟通必知的法则，用"会倾听""会赞美""会拒绝""会说服""会幽默"五项核心技能助你摆脱"不会说话"的困扰，用五大表达应用模型帮你做到"表达有框架，沟通有章法"，创设八大人生关键时刻，助你人生时时有准备展现最好的自己。

利器在手，好好表达，世界终将听见你的声音。

行动起来，改变正在发生

当我的学员、读者用这些方法拿下百万订单、修复十年冷战关系、从汇报"小白"蜕变成演讲冠军时，我看到的不仅是能力的提升，更是认知的重构。

那些曾让你夜不能寐的沟通困局，终将成为托举你向上的阶梯——这就是"凡事发生皆有利于我"的心法。我衷心希望，这段阅读之旅能让你收获颇丰。

现在，请允许我牵着你的手，一起推开这扇名为"正向表达"的任意门。门后的风景，比你想象的更精彩。

刘霄云

2024 年 9 月 30 日于北京家中

目　录

第一章　打好基础：开启正向表达大门的三把钥匙　　001

稳定的情绪、对自我的认可和真诚的共情是开启正向表达大门的三把钥匙。本章将通过真实案例和心理学工具，教你用"情绪ABC理论"平复崩溃心态、用"积极自述"建立自信、用"我们"句式拉近和他人的距离。从今天起，不再做情绪的奴隶，而是成为温暖对话的掌控者。

第二章 读懂人性：掌握沟通中的心理法则   031

为什么同样的话换个说法效果天差地别？为什么大家总爱跟风选择？本章讲述了七个表达和沟通中常见的心理学效应。你会发现，那些销售高手、社交达人能成功并非因为他们有天赋，而是因为他们深谙人性。了解这些心理学效应，你也能成为不动声色的沟通赢家。

第三章 五种表达力：成为高情商沟通高手   077

高情商不是曲意逢迎，而是用对方法精准表达。本章提炼的五项核心技能将助你摆脱"不会说话"的困扰。无论是汇报工作还是维系感情，这些技能都可以让你的表达"掷地有声"。

第四章　表达有章法：用模型打造说话逻辑　　117

从三分钟精准汇报到用故事征服听众，从有效说服到冲突调解，掌握本章中总结的方法，再杂乱的信息你也可以清晰地表达，再大的矛盾你也可以轻松化解。

第五章　关键时刻不掉链子：八大场景实战演练　　**147**

职场晋升的汇报现场、孩子叛逆期的深夜对话、伴侣争吵时的情绪旋涡……人生关键时刻的表达质量往往决定关系的走向。本章针对职场、家庭、社交等场景，提供即学即用的表达话术模板，助你在人生重要时刻，轻松展现最好的自己。

第一章

打好基础：开启正向表达
大门的三把钥匙

稳定的情绪、对自我的认可和真诚的共情是开启正向表达大门的三把钥匙。本章将通过真实案例和心理学工具，教你用"情绪ABC 理论"平复崩溃心态、用"积极自述"建立自信、用"我们"句式拉近和他人的距离。从今天起，不再做情绪的奴隶，而是成为温暖对话的掌控者。

第一节

管理情绪：沟通前，先停止"崩溃"

　　小红和小黄是同一个团队的成员，他俩都非常努力。为了即将召开的重要项目会议，他们全身心投入，从搜集资料到制作 PPT，再到反复演练，每一步都力求完美。他们的目标很简单，就是在这次关键性会议上展现出团队的最佳状态。

　　然而，就在会议即将召开时，一个令人意外的消息打破了团队的平静——因为突发情况，项目合作终止了，会议也被临时取消了。这个消息如同一盆冷水，让所有人的心情都降到了冰点。

　　小红听后，脸色有些苍白，心里充满了失望和不甘："这也太让人无语了！我为了这次项目会议，连续加班了好几个晚上，几乎把所有的精力都放在了准备工作上。现在会议取消了，我所有的努力都白费了！"小红越想越沮丧，情绪极度低落，完全没有了继续努力工作的心情。她的这种情绪也悄然影响了周围的同事，一些人开始跟着叹气，团队的氛围变得更加沉重。

相比之下，小黄在得知会议取消的消息后，虽然也有些许失望，但他很快便调整了自己的心态。注意到身边的小红，小黄意识到，他除了需要调整自己的心态，还需要帮助团队，特别是小红，走出这种消极情绪。

于是，他走到小红身边，轻轻地拍了拍她的肩膀，以一种充满理解的语气说道："小红，我知道这让你很难受，我们大家最近这些天的努力似乎都打水漂儿了。"说到这里，他微微一顿，接着以一种鼓励与坚定的口吻继续说："但是，会议的取消并不意味着我们的准备工作毫无意义。相反，这些资料和经验，都是我们团队共同的财富。我们可以利用这段时间，把它们整理得更好，为未来的项目做准备。你说是吧？"

小红听后，愣了一下，心里默默思量着小黄的话，不由得点点头，觉得颇有道理。虽然心中的失落感并未完全消散，但那种沉重的绝望已悄然减轻了许多。

看到小红的反应，小黄宽心了很多，于是继续行动起来，带着团队一起梳理资料，总结经验。他的态度感染了大家，团队的气氛也逐渐活跃起来。大家开始以更积极的心态面对这次变化，把原本为会议准备的内容转化为助力团队成长的养分。

通过这件事可以看出，在面对同样的挑战和困境时，不同的心态会使人产生截然不同的情绪和应对方式。小红因为过于关注结果而忽略了过程中的收获和成长；而小黄则能转变视角，积极寻找新的机遇和发展方向。

情绪 ABC 理论

在读完上面这个故事后，请你问一下自己："我是这个故事中的小红还是小黄呢？""我在面对不如意的事情时，会以什么样的情绪来应对呢？"

这个故事让我们不禁反思：在面对生活中的挑战与困境时，我们应该像小红那样沉溺于消极情绪无法自拔，还是应该像小黄那样勇敢地站出来，用积极的态度去拥抱变化？其实，我们每个人在面对不如意的事情时，都可以通过调整心态来改变情绪反应。

情绪 ABC 理论给我们提供了一种策略——通过调整对事件的认知与评价，我们可以有效地管理自己的情绪反应，从而避免被外部事件左右。它由心理学家阿尔伯特·艾利斯（Albert Ellis）提出，是一个帮助我们理解情绪产生的根源，并有效调节情绪的心理学理论。

A（Activating event）：诱发事件，指的是客观发生的事件或情境，它是引起情绪和行为反应的外部刺激。在小红和小黄的故事中，项目合作的终止和会议的取消就是诱发事件。

B（Belief）：信念，指的是个体对诱发事件的认知和评价。这个环节是情绪 ABC 理论中的关键环节，因为它直接决定了情绪反应的方向和强度。小红将会议的取消视为对自己努力的否定，认为所有的付出都白费了，这是一种消极的信念；而小黄则认为这次经历是助力团队成长的宝贵财富，能够为未来的成功奠定基础，这是一种积极的信念。

C（Consequence）：结果，即基于信念而产生的情绪反应和行为后果。在小红的视角下，消极的信念导致她产生了失望、不甘和沮丧的情绪，甚至影响了她的工作积极性；而在小黄的视角下，积极的信念则促使他采取行动，带领团队走出低谷，为未来的项目做准备。

通过利用情绪 ABC 理论分析，我们可以看到，面对同样的诱发事件（A），由于信念（B）的不同，小红和小黄产生了截然不同的情绪反应和行为结果（C）。也就是说，同一件事，人们的看法不同，情绪体验也就不同。

比如，同样是失恋了，有的人放得下，认为这件事未必不是一件好事；而有的人却伤心欲绝，认为自己今生可能都不会再遇到真爱了。再比如，在找工作面试失败后，有的人可能会认为，这次面试只是试一试，没通过也没关系，下次可以再来；有的人则可能会想，我精心准备了那么长时间，竟然没通过，是不是我太笨了？我还有什么用啊！这两类人因为对事情的认知和评价不同，他们的情绪自然不同。因此，通过调整信念，我们可以改变情绪反应和行为后果。

如何管理自己的情绪

那么，我们该如何管理自己的情绪呢？尤其是在遇到一些不顺心的事情时，该怎样调整自己的心态呢？我们来看看情绪 ABC 理论该怎样运用。

1. 因工作失误而自责时

诱发事件：工作中出现失误。

需调整的信念：我犯了这么大的错，我是个失败者，不值得被信任。

调整后的信念：工作中出现失误是难免的，重要的是从中学习，避免再犯。

改善后的情绪反应和行为后果：自责情绪减轻，开始冷静分析失误原因，制定改进措施，并向同事或上级寻求帮助。

2. 因人际关系冲突而沮丧时

诱发事件：与朋友或同事发生争执。

需调整的信念：他们都不理解我，我注定是孤独的。

调整后的信念：没关系的，在人际关系中发生冲突是常有的事，通过沟通可以解决大部分问题。

改善后的情绪反应和行为后果：沮丧情绪缓解，主动寻求与朋友或同事沟通，尝试解决冲突，恢复和谐关系。

3. 因个人目标未实现而失望时

诱发事件：设定的个人目标未能实现。

需调整的信念：我永远都达不到自己的期望，我是个失败者。

调整后的信念：目标未实现只是暂时的，我可以调整策略，继续努力！

改善后的情绪反应和行为后果：失望情绪转化为动力，重新评估目标，制订更实际的计划，并持续努力。

4. 因身体不适而焦虑时

诱发事件：身体出现不适或疼痛。

需调整的信念：我的身体一定出了大问题，我可能要一直这样了。

调整后的信念：身体不适可能是暂时的，我需要去看医生，并遵循医嘱进行治疗。

改善后的情绪反应和行为后果：焦虑情绪减轻，开始积极寻求医生帮助，并遵循医嘱逐渐康复。

5. 因未来不确定而不安时

诱发事件：面对未来的不确定事件（如职业变动、生活变迁等）。

需调整的信念：未来太可怕了，我无法应对未知的挑战。

调整后的信念：未来虽然充满不确定性，但也充满机遇，我有能力面对并克服挑战。

改善后的情绪反应和行为后果：不安情绪转化为对未来的期待和准备，开始制订计划，提升自己的能力，以积极的心态迎接未来的挑战。

通过以上这些例子，我们可以看到，在遇到挫折和情绪很差的时候，通过调整对诱发事件的信念，我们可以有效改善自己的情绪反应和行为后果。因此，学会审视和调整自己的信念是提升情绪管理能力的重要一环。

如何帮助他人调节情绪

在学会了运用情绪 ABC 理论来管理自己的情绪后，我们在面对他人的坏情绪时，该如何帮助他们调节呢？

1. 朋友因失业而沮丧时

诱发事件：失业。

　　需调整的信念：失业意味着我无能，未来没有希望。

　　帮助他调整信念：失业只是暂时的，你有能力和经验，可以找到更好的工作机会。

　　改善后的情绪反应和行为后果：朋友从沮丧情绪中走出，开始积极寻找新工作，并对未来充满信心。

2. 同事因项目合作失败而自责时

　　诱发事件：项目合作失败。

　　需调整的信念：项目合作失败是因为我能力不足，我是个失败者。

　　帮助他调整信念：项目合作失败是多种因素导致的，你可以从这个过程中吸取教训，下次一定能做得更好。

　　改善后的情绪反应和行为后果：同事自责情绪减轻，开始客观分析项目合作失败的原因，并着手准备下一个项目。

3. 孩子因考试不及格而哭泣时

　　诱发事件：考试不及格。

　　需调整的信念：我考试不及格，我是个笨孩子，以后也学不好了。

　　帮助他调整信念：考试不及格只是暂时的，只要你努力学习，下次一定能考好。

改善后的情绪反应和行为后果：孩子停止哭泣，开始认真分析考试不及格的原因，并制订学习计划。

经过以上练习，我们会发现，我们内心的痛苦往往并非源于事件本身，而是源于我们对这些事件的解读。而且，调节情绪也并没有我们想象中的那么难，只要调整对诱发事件的信念，我们就可以有效帮助自己或他人改善情绪反应和行为后果。

因此，当你在面对生活中的挑战与困境时，请记得运用情绪ABC理论。重要的不是困难本身，而是你的内在信念，调整好信念，你就能够以更加理性、积极的态度去解决问题，拥抱每一个当下。

正向的力量：以积极的心态重塑自我对话与对外表达

实际上，正向表达从来不仅仅局限于语言上的技巧，它首先体现在积极的心态上。面对困难时，正向的力量鼓励我们重新审视并调整对事件的认知，从而以更具有建设性和乐观的方式表达自己的感受和想法。

比如，面对失败与挫折时，我们不再说"我失败了，我是个失败者"，而是告诉自己"这次尝试让我发现了自己的不足，为下一次成功积累了宝贵的经验"；我们不再感叹"为什么我总是这么倒霉"，而是坚信"每一次挑战都是成长的机会，每一次经历低谷都是向高峰迈进的准备"。

当遭遇拒绝或批评时，我们不再想"他们都不懂我，我做什么都是错的"，而是反思"他们的反馈是我成长的一部分，我可以从中学习到如何更好地表达自己"；我们不再自怨自艾，认为"我怎么这么没用"，而是鼓励自己"每个人都有需要改进的地方，这正是我前进的动力"。

当面对不确定性和压力时，我们不再焦虑地想"未来怎么办？我好害怕"，而是积极规划，告诉自己"虽然前路未知，但我相信自己的能力和适应性，我会一步步找到出路"；我们也不再不安地想"这件事太难了，我可能做不到"，而是勇敢面对，认为"这是一个挑战，但我有信心克服它，因为我已经准备好了"。

在社交场合中，当遇到观点不合或有争议的情况时，我们不再急于争辩，说"你的想法完全错误，我才是对的"，而是尊重并尝试理解对方，说"我理解你的观点，但我有不同的看法，我们可以一起探讨一下"；我们不再固执己见地想"我绝不接受你的观点"，而是持开放心态，认为"也许我们可以从彼此的观点中学到些什么，让我们的讨论内容更加丰富"。

在家庭中面对冲突或误解时，我们不再指责家人，说"你从来都不考虑我的感受"，而是寻求理解，说"我觉得我们之间可能有些误会，能不能坐下来好好谈谈彼此的想法"；我们不再抱怨，说"你总是这样，我受够了"，而是表达愿望，说"我希望我们的关系能够更加和谐，我想我们能一起努力解决问题"。

在职场上遇到竞争或挑战时，我们不再忌妒或恐惧地认为"他比我优秀，我肯定没机会了"，而是将其转化为动力，认为"每个人都有自己的长处，我可以从他们那里学习，同时展现我独特的价值"；我们不再消极抵抗，认为"这个任务不可能完成"，而是积极策划，认为"这是一个展示我能力的机会，我会分步骤解决，一步步接近目标"。

在团队合作中，当项目遇到阻碍或困难时，我们不再抱怨或指责，说"都是因为你们，这个项目才会这样"，而是共同承担责任，对大家说"我们遇到了挑战，但只要我们团结一致，一定能找到解决方案"；我们不再消极怠工，认为"反正努力也没用，不如放弃吧"，而是激励团队，告诉大家"每个困难都是成长的机会，让我们一起努力，渡过这个难关"。

如此，凭借正向的力量，我们学会了与自己和解、与世界和解。无论是在个人的内心世界还是在与他人的交往中，正向的力量都是我们最宝贵的财富。它让我们学会以积极的心态去面对生活中的每一个挑战，用具有建设性的方式去解读和处理每一个困境。

面对生活的风雨，我们不再受困于自己的情绪，而是理解了情绪产生的根源——原来，塑造我们情绪世界的，不是我们遇到的事情本身，而是我们对事情的解读。基于这样的认知，我们在面对困难时，就可以用更加积极的语言进行自我对话和对外表达。我们的表达也因此变得更有感染力、更加正向、更有力量。

第二节

自我肯定：告别"我不行"，拥抱自信的自己

　　小雅是从小镇走出来的女孩。她性格温婉，人缘很好，可她的眼神中却时常闪烁着不易被人察觉的忧郁。小雅自小便是个聪明的孩子，学习成绩总是名列前茅，但她内心深处却总有一个声音在回响——"我不行"。

　　初中时，班里选举班长，小雅心中充满了期待，她渴望当上班长，想要获得这个为同学们服务的机会。然而，当机会来临时，她却退缩了，心里那个"我不行"的声音响起，让她没有勇气站出来竞选。最终，她只能默默地看着别人站在了那个她渴望的位置上，心中满是遗憾。

　　时光荏苒，小雅长大了，踏入了职场。她依旧保持着那份努力与认真，但每当有晋升或负责重要项目的机会时，那个"我不行"的声音就会像魔咒一般，让她犹豫不决，直至最终选择放弃。她看着同事们一个个抓住机遇，步步

高升，而自己却始终在原地踏步，心中的苦涩难以言喻。

更让她心痛的是，在爱情的道路上，她也因为自我否定而错失了幸福。她遇到了一个让她心动的男孩，两人相处愉快，但她却总觉得自己不够好，配不上他。她不敢表达自己的心意，害怕被拒绝，害怕被嘲笑。最终，那个男孩因为她的犹豫不决而选择了放弃，她只能默默地承受着心痛，看着爱情从指缝间溜走。

小雅的生活仿佛被一层看不见的膜包裹着，让她无法自由地呼吸，无法勇敢地追求自己的梦想和幸福。她感觉自己就像一只被困在茧里的蝴蝶，明明有翅膀，却无力飞翔。

这种状态让她异常难受，她开始意识到，自我否定就像一把无形的刀，正一点点地割开她与美好生活的联系，让她错过了太多太多的风景。她渐渐明白，如果不改变，她的一生都将活在遗憾和痛苦之中。

自我否定的深渊：自卑心理

小雅自我否定的背后是深藏着的自卑心理。在心理学领域，阿尔弗雷德·阿德勒（Alfred Adler）的个体心理学为我们提供了理解这一现象的重要视角。

阿德勒认为，自卑感是人类普遍具有的一种心理状态，它源于个体对自己能力产生的不足感和对完美状态的追求之间的矛盾。这种不足感可能因生理上的缺陷、社会环境中的比较，或是早期经历中的挫败感而产生。在小雅的例子中，她可能从小就在家庭或学校环境中接收到了某些让她觉得自己不够好的信息，这些信息逐渐内化为她对自己的评价，使她形成了自卑心理。

阿德勒强调，问题并非在于自卑感本身，而在于个体如何应对这种感受。一些人能够通过努力提升自我、寻求补偿来克服自卑，而另一些人则可能陷入自我否定的循环中，无法自拔。小雅显然属于后者，她选择用"我不行"来定义自己，每当面临挑战或机遇时，这种自我否定的声音便会占据上风，让她无法勇敢地迈出步伐。

从更深层次来看，自我否定和自卑心理往往与个体对他人评价的过度依赖有关。阿德勒指出，个体在成长过程中，会不断寻求外界的认可和肯定，以验证自己的价值。然而，当这种寻求变成了一种病态的依赖时，个体就会失去自我判断的能力，转而完全依据他人的标准来评价自己。小雅正是如此，她过于在意他人的看法，担心自己的表现不符合他人的期望，从而陷入了自我否定的深渊。

其实，小雅的心理状态是许多人内心世界的真实写照。自我否定蕴含着巨大的破坏力，它不仅剥夺了我们追求梦想和幸福的勇气，还让我们在人生的道路上举步维艰。它会让我们错失良机，无论是在学习、工作方面还是在爱情方面，我们都会因为不自信而失去本该属于我们的东西。它像一道无形的墙，将我们与成功和幸福隔绝开来。

自我肯定的锦囊妙计

那么，该如何打破这一困境，实现自我肯定呢？

1. 构建积极的自我形象

构建积极的自我形象是摆脱自卑、走向自信的关键步骤。这意味着你需要主动地去认识和强调自己的优点、长处及所取得的成就，从而塑造一个积极、正面的自我形象。为了做到这一点，你可以每天花些时间回顾自己的经历和表现，找出那些让你感到自豪和满意的时刻，并将它们记录下来。比如，你可以制作一面"成就墙"，在上面贴上你获得的奖状、证书或成功瞬间的照片，这些都能成为你构建积极自我形象的有力基础。每当你感到自卑或沮丧时，就看看这些成就，提醒自己：我是一个有能力、有价值的人。这样的自我形象构建过程能够帮助你更好地认识自己，增强自信心，从而使自己在生活和工作中更加从容不迫。

2. 积极自述

积极自述是一种通过正面的语言和肯定的表达来增强自我肯定感的方法。每天对着镜子，或者在心里默默地对自己说一些鼓励的话，比如"我能够做到"，或是"我值得被爱"等，这种积极的自我暗示能够逐渐改变你的心态，让你更加自信地面对生活中的挑战。例如，当你面对一个重要的面试时，你可以在心里对自己说："我准备得很充分，我一定能够成功。"这样的积极自述能够帮助你缓解紧张情绪，提升自信心。

3. 光线屏障法

光线屏障法是一种心理保护技巧，即想象一个金色的光团包围自己来阻挡外界的伤害和负面影响。当你感到自卑或受到他人的批评时，可以尝试使用这种方法。闭上眼睛，深呼吸，想象一个金色的光团从头顶开始逐渐包围你的全身，这个光团充满了温暖和力量，能够保护你不受任何负面能量的影响。比如，在遭遇职场挫折时，你可以运用光线屏障法，想象自己被一个金色的光团包围，从而感受到内心的平静和力量，重新振作起来。

4. 增强非语言交流能力

非语言交流在人际交往中起着举足轻重的作用，它有时能够传递比口头语言更丰富的信息。要增强非语言交流能力，你需要注意自己的肢体语言、面部表情和眼神交流等方面。比如，在与人交谈时，保持直视对方的眼睛，身体微微前倾表示你在倾听；在表达赞同或感谢时，可以面带微笑并轻轻点头。这样的非语言交流能够让对方感受到你的真诚和自信，从而增强彼此之间的信任和亲近感。

5. 完成小目标并庆祝成就

完成小目标并庆祝成就是一种激励自己、让自己收获自信的有效方法。将大目标分解为一系列可实现的小目标，每完成一个就给自己一些奖励或庆祝一下。比如，你希望在一年内学会一门新语言，那么你可以将这个目标分解为每个月掌握一定数量的词汇和语法点。每当实现一个小目标时，你可以买一本喜欢的书、看一场电影或享受一顿美食作为给自己的奖励。这样的庆祝方式能够让你拥有成就感和满足感，从而更加自信，更有动力去追求更大的目标。

挣脱自卑束缚的成长之路

同时，我们也要警惕自卑心理在无形中给我们的沟通表达套上的沉重枷锁。在人际交往中，你是否常常因为害怕说错话而选择沉默，即便心中有千言万语，也难以启齿？在与人交流时，你是否总是担心自己的观点不够成熟、不够有价值，因此往往选择附和他人，而不是勇敢地提出自己的看法？这种沟通上的障碍，进一步加剧了我们的孤独感和自卑感。因此，打破自卑的枷锁、勇敢表达自己很重要。

当然，我知道，要勇于表达自己，并不是一件容易的事情。因为这不仅仅是一种简单的行为改变，更是一场深刻的内心革命和自我认知的转变。

想象一下，当你想要表达自己的想法时，一种熟悉的恐惧感悄然袭来："如果我提出的观点有误，他们会怎么看我？会不会觉得我无知，甚至嘲笑我？"那么，在这种时刻，你不妨先深吸一口气，平复内心的波澜，然后坚定地告诉自己："我不需要时刻保持完美，我有权利表达自己的思考和见解，即使它们可能不够成熟或存在偏差。学习和成长的过程本身就是不完美的，而勇于表达正是这一过程中的重要一环。"

比如，在一次工作团队的周会上，会议室里坐满了人，大家正围绕着即将启动的项目执行方案热烈讨论。每个人都在积极发言，提出自己的见解和建议。你坐在会议桌的一侧，心中涌动着一个新想法，但同时又有些忐忑不安，担心这个提议太前卫，不被团队其他成员接受。

你注意到自己的手心开始出汗，心跳也略微加速。这时，你回想起自己对自己的承诺——勇于表达自己，不畏惧失败和批评。你深吸一口气，平复内心的紧张情绪，然后缓缓举起手，示意自己想要发言。

当所有人的目光都聚焦在你身上时，你清晰地开始表达："各位同事，我想分享一个可能有些不同寻常的想法，但我认为它值得我们深入探讨。"接下来，你陈述了自己的想法。

你停顿了一下，观察大家的反应。有的人露出了思考的神情，有的人则微微点头表示赞同。你感到一股力量涌入心中，于是继续自信地说："当然，这只是我的初步构想，还有很多细节需要进一步完善和讨论。我非常欢迎大家提出宝贵意见，我们一起探讨这个方案的可行性和优化方法。"

你的发言让大家眼前一亮，会议室里顿时充满了活跃的气氛。团队成员们开始积极讨论你的提议，有的人提出了自己的疑问和担忧，有的人则分享了相关的经验和资源。你耐心地倾听每个人的意见，并与他们进行深入的交流和探讨。

经过一番热烈的讨论，你的提议逐渐变得更加完善和可行。团队最终决定采纳你的方案，并安排你负责具体的实施工作。你感到无比欣慰和自豪，因为你知道这一切都是因为你勇于表达自己、打破了内心的自卑枷锁而获得的。

这次经历让你意识到，勇于表达自己不仅是为了展现自己的能力和价值，更是为了使自己挣脱自卑的束缚，走上勇敢发声的成长之路。

其实，在人生的旅途中，我们每个人都可能会被自我否定与自卑的阴影笼罩，它们如同厚重的云层，遮蔽了心灵的阳光。在这场内心的较量中，最重要的是学会成为自己最坚定的支持者。当我们开始以温柔而坚定的目光审视自己，用爱和理解温暖那些不完美的心灵角落时，我们便悄然踏上了自我肯定的光明之旅。

所以，请记住，无论外界如何评判，无论内心如何挣扎，我们始终拥有选择的力量——选择看见自己的光芒，选择相信自己的价值，选择勇敢地表达自己。当我们学会了肯定自我时，我们的表达自然会变得更加正向、更加有力。

第三节

共情他人：从理解出发，建立温暖的连接

孙琦、李婷和张玮是三个从小玩到大的朋友，如今虽各自忙碌，但偶尔也会聚在一起聊聊近况。然而，孙琦渐渐发现，自己与张玮的话题总是源源不断，而与李婷之间却似乎有了些隔阂。

与李婷对话，常常让孙琦感到有些失落。每当孙琦尝试分享自己的新发现或小故事时，李婷总是很快地打断她，然后转而谈论起自己的事情。有一次，孙琦正兴奋地说着自己最近学会了做一道菜，李婷却突然插话："对了，你知道吗？我最近买了个新包，特别好看！"孙琦的话被生生截断，只好尴尬地笑笑，然后附和几句。这样的情况多了，孙琦开始觉得自己的经历和感受在李婷心里似乎并不重要。

而与张玮交流，则让孙琦感到格外舒心。张玮总是会耐心地倾听孙琦的讲述，不时地点头或轻声应和，这让孙

琦感受到自己被尊重和被关注。有一次，孙琦提起工作中遇到的挫败经历，张玮没有立刻给出建议，而是先表达了共情："听起来那时候真的很难，我能理解你当时的压力。"这句话让孙琦心里暖洋洋的，感觉两人之间的距离变得更加近了。接着，张玮才根据自己的经验，真心实意地给出了几点工作建议。孙琦心里暗暗感叹："这才是真朋友啊！"

这样的对比，让孙琦更加珍惜与张玮的友情。她意识到，真正的沟通不仅仅是说话，更是理解和共情。而与李婷的关系，或许需要双方都做出一些努力，才能找回那份曾经的友谊。

共情始于利他

从孙琦、李婷和张玮的故事中，我们可以清晰地看到，共情在人际交往中扮演着多么重要的角色。张玮之所以能够与孙琦保持如此紧密的联系，关键在于她不仅仅是在倾听，更是在用心感受孙琦的喜怒哀乐，给予恰当的回应和支持。这种共情的能力，让她们之间的友情如同陈年老酒，越发醇厚。

而李婷在与孙琦的交往中，虽然表面也在倾听，但她没有真正走进孙琦的内心世界。这种缺乏共情的交流，让孙琦感到自己的情感和经历并未得到真正的理解和重视，从而导致两人之间的距离逐渐拉大。

在真实生活中，"张玮"少之又少，而"李婷"比比皆是。在当今社会，快节奏的生活和高压的工作环境让人们越来越容易陷入以自我为中心的思维模式。在表达时，我们往往只从自身角度出发，忽视了他人的感受和立场，所以难以与他人共情。然而，正是这份共情，才能让我们在忙碌和疏离中找到与他人的连接，让关系得以深化和持久。

其实，共情始于利他，利他思维是打破沟通和人际壁垒的关键。利他思维，本质上是一种积极向上且富有前瞻性的思考方式，它强调在处理各类利益关系时——无论是物质层面的还是精神层面的，都应超越个人视角，兼顾并考虑他人的利益。这种思维方式旨在促进形成一种双赢或多赢的局面，确保各方均能获益。

海底捞的服务文化体现的就是商业方面的利他思维：提供超出顾客期望的服务，从而提升自己的口碑。京东的物流体系也是如此：京东自建物流体系，并开放给第三方卖家和合作伙伴使用，不仅为自己带来了可观的物流收入和市场份额，还促进了整个电商生态的繁荣和发展。稻盛和夫是京都陶瓷株式会社的创始人，在20世纪70年代的全球石油危机中，许多企业纷纷裁员以降低成本，但稻盛和夫坚持不裁员，反而通过让员工参与学习、培训等方式维持企业运营，并全额发放工资，这一举措极大地增加了员工的归属感，提升了员工的忠诚度，最终帮助企业成功渡过了危机。

在生活和职场中的利他思维，是让我们生活更加和谐、工作更加高效的工具。从心理学的角度来看，人类天生需要拥有归属感，渴望被理解和被接纳。当我们展现出与他人共情时，实际上是在传递一个信号：我关心你，我理解你，我与你并肩。这样的情感共鸣，能迅速缩短人与人之间的距离，促进更深层次的相互理解与协作，为我们的生活与工作环境注入更多的正能量与和谐氛围。

那么，用什么样的方式能够提升我们的共情能力呢？

使用"我们"来增强连接

很有效的一个提升共情能力的方法是在适当的时候不使用"我"，而是使用"我们"或"咱们"来提及共同的经历或感受，这样做可以增强彼此间的连接。这种方法可以应用在很多不同的场景中，比如：

1. 分享经历时，将"我昨天去了一家特别棒的餐厅，食物和环境都很棒"改为"咱们下次可以一起去那家餐厅试试，我觉得食物和环境都很不错"。

2. 提出建议时，将"我觉得我们应该早点出发，以免迟到"改为"咱们早点出发吧，这样就不会迟到了"。

3. 描述共同目标时，将"我希望能完成这个项目，得到好的评价"改为"我们一起努力把这个项目做到最好，争取得到大家的认可"。

4. 讨论问题时，将"我觉得这个问题很难解决"改为"咱们一起想想办法，这个问题应该能解决"。

5. 表达感受时，将"我感觉有点累"改为"今天忙了一天，咱们都辛苦了，早点休息吧"。

6. 寻求意见时，将"我在想我们是不是该换个方向思考"改为"咱们一起讨论一下，看看换个方向思考会不会更好"。

通过这些例子可以看出，把"我"变为"我们"或"咱们"，能够营造出一种团队合作或共同参与的氛围，使对方感受到自己是团队或对话中的一部分，从而更容易产生共鸣和增强连接。这种表达方式在促进沟通、增强理解和建立信任方面都非常有效。

除此之外，还有很多其他关于提升共情能力的技巧，包括"不要做"和"建议做"两部分。

五个"不要做"

1. 不打断或插话。给予对方完整的表达空间是对对方的基本尊重，也是有效共情的前提。静静倾听，让对方说完再回应。比如，当朋友向你倾诉工作压力大时，不要急于给出建议或打断他的叙述，让他完整地表达完自己的感受，这样他才能感受到被尊重和被理解。

2. 避免使用绝对性词汇。使用"总是""从不"等绝对性词汇容易使对方产生防御心理，阻碍深入交流。比如，不要说"你总是这么悲观"，这样会让对方觉得自己被贴上了标签，可以改为"我注意到你最近情绪似乎有些低落"，这样更有助于沟通与交流。

3. 不否定或轻视对方的感受。即使你不完全理解或同意对方的感受，也应该避免使用否定或轻视的语言。如果伴侣说"我觉得很孤独"，不要回应"你怎么会孤独呢？我天天都陪着你"，而要尝试理解并确认他的感受，如"我知道了你现在感觉孤独，让我们一起想想办法"。再比如，在他人着急时，不要说"这没什么大不了的"，而是可以表达为"我能感觉到这对你来说很重要"。这样的回应不会让对方认为自己的感受被否定和被轻视，同时还表达了你的理解和尊重。

4. 避免过度同情。过度同情可能会让对方感到自己被低估、被轻视，我们应展现同理心，而非同情心。当同事提到工作中的小挫折时，不要过度怜悯地说"你真是太可怜了"，而要用鼓励的语气说"这种问题确实有点儿棘手，但我相信你能解决"，这样说既表达了理解，又给予了鼓励。

5. 不指责或批评。即使你不完全认可对方的观点或行为，也要避免指责或批评。你可以给予对方正面反馈和有建设性的建议，帮助他看到问题的积极方面和解决方案。比如，针对同事解决问题的方式，你觉得有提升空间，不要直接说"我觉得你处理这个问题的方式不对"，你可以说"你处理这个问题的方式很勇敢，我觉得如果……可能会更好"。再比如，如果孩子考试没考好，不要直接说"你怎么这么笨"，而要帮助他分析原因，鼓励他继续努力，这样他才能从失败中吸取教训并成长。

六个"建议做"

1. 做好镜像反应。镜像反应是一种通过重复或重新表述对方的话语来表达理解和共鸣的技巧。例如，当对方说"我真的感到很累"时，你可以回应说"听起来你最近真的很疲惫"。这种方式能让对方感受到你正在认真倾听并理解他的感受。

2. 使用"我也"或"我有过类似的经历"。如果你与对方有类似的经历，可以适当地分享，以表示有共鸣。例如："我也有过类似的经历，当时我也觉得很无助，但后来我发现……"

3. 使用"我感觉"句式。在表达个人感受时，使用"我感觉"句式来表达你对对方情感的个人反应，而不是直接评价对方。比如："我听到你说这些，我感觉到你好像很难过，是这样吗？"

4. 尊重对方的隐私。在表达共情时，尊重对方的隐私和界限，不要强迫对方分享他不愿意分享的信息。如果对方不愿意分享某些私人信息，请尊重他的选择，不要一直追问，这样他才能感到安全和被尊重。

5. 使用"你"语言。你可以更加直接地表示对对方的关注，使用"你"来直接指代对方，让对方感受到你的关注。比如："你看起来对这个项目非常投入，这个项目有什么特别吸引你的地方吗？"这样的表达方式能让对方感受到你的注意力和兴趣与他有关，从而增强沟通的亲密感和有效性。

6. 询问对方的需求。你可以直接询问对方现在需要什么，是情感支持、实际帮助还是只是一个倾听者。比如："你现在最需要什么？是想要我陪你说说话，还是需要我帮你做点什么？"这样的表达方式能让你更准确地了解对方当下的需求，从而给予对方最恰当的支持，让对方感受到被理解和被重视。

综上，在与他人共情的实践中，我们需谨记关键准则：避免出现阻碍理解与连接的行为，如打断、使用绝对性词汇、否定或轻视感受、过度同情、指责或批评，这些都会让对方感到不被尊重，影响沟通深度。相反，我们应积极采取有助于传达理解与关怀的行动，包括做好镜像反应、分享类似经历、使用"我感觉"句式、尊重隐私、运用"你"语言及询问需求，以深化情感连接。遵循这些准则，能够使我们更有效地提升个人的共情能力，从而在人际交往中与他人建立更加稳固与和谐的关系，让每一次交流都成为增进理解的机会。

至此，我们已经完成了本章最后一节的探讨，为正向表达打下了坚实的基础。正向的自我让我们拥有自信与平和，正向的情绪让我们能够以更加乐观的态度面对生活，而与他人共情则让我们在人际交往中更加游刃有余，容易与他人建立深厚而持久的关系。

此刻，我们可以满怀信心地宣告："正向表达，'我'准备好了！"

第二章

读懂人性：掌握沟通中的心理法则

为什么同样的话换个说法效果天差地别？为什么大家总爱跟风选择？本章讲述了七个表达和沟通中常见的心理学效应。你会发现，那些销售高手、社交达人能成功并非因为他们有天赋，而是因为他们深谙人性。了解这些心理学效应，你也能成为不动声色的沟通赢家。

第一节

框架效应："怎么说"比"说什么"更重要

在一个大型集团里，有三个厂长，他们各自管理着不同的部门。这一年，由于市场环境的变化，集团遭遇了前所未有的亏损。于是总裁找到了三位厂长，让他们分别去告知各自部门的员工，今年的奖金因为亏损而无法发放。

A厂长回到部门，直接宣布了坏消息："今年公司亏损了，奖金不发了。"员工们听后，纷纷表示不满："亏损又不是我们的错，奖金凭什么不发？"他们在背后对A厂长议论纷纷，怨言四起。

B厂长则采取了不同的策略。他回到部门，先向员工们如实地说出了公司的困境："今年咱们公司亏损了，奖金确实发不了。"但他话锋一转："不过，我跟领导争取了，至少咱们部门的人不用被裁。"员工们听后，纷纷感慨："B厂长真是为我们着想！"他们对B厂长的感激之情溢于言表。

　　C 厂长回到部门，他的说法又有所不同。他沉重地说："兄弟们，今年咱们公司亏损了，奖金肯定不发了，还说要裁人。"说完，他就匆匆离开了。员工们听后，心里七上八下："裁人会不会裁到我呢？"他们晚上辗转反侧，第二天纷纷去找 C 厂长求情："厂长啊，能不能考虑一下不要裁我？奖金我也不要了。"

　　在这个故事中，三位厂长面对同样的事情，却因为表述方式的不同，得到了截然不同的结果。这个故事告诉我们：在沟通中，有时候"怎么说"比"说什么"更为重要。这就是"框架效应"的威力。

　　框架效应，简单来说，就是信息的呈现方式会影响人们的思考和决策。它是由普林斯顿大学心理学教授丹尼尔·卡尼曼（Daniel Kahneman）等学者提出的，揭示了人们在面对同一问题时，由于描述方式的不同，会产生截然不同的心理反应和决策倾向。换句话说，一个人用不同的表达方式描述同样一件事，会给倾听者不一样的感觉，从而使倾听者做出截然不同的决策。

　　这种效应可以分为两种框架：消极框架和积极框架。消极框架倾向于强调问题、风险或损失，它往往会引发人们的担忧、恐惧或抵触情绪。比如，医生告诉患者"手术存在 10% 的失败风险"，这就是一种消极框架的表述，它让患者更多地关注到手术可能带来的不良后果，产生焦虑和不安的情绪。

相反，积极框架则侧重于突出解决方案、机会或收益，它通常能够激发人的希望、信心，使人积极行动。比如，医生告诉患者"手术的成功概率高达90%"，这就是一种积极框架的表述，它让患者更加关注手术成功的可能性，从而增强信心，满怀期待，更愿意积极配合治疗。

其实，积极框架和消极框架的选择和使用，不仅在正式场合中有完全不同的效果，在我们的日常生活中，也往往会给人带来截然不同的感受。

想象一下，你的两个朋友同样面对半杯咖啡，他们的反应却大相径庭。一个朋友对你说："真糟糕，只剩下一半可以喝了。"他的话语中透露出失望和沮丧，这也不免让你感到有些扫兴，感觉遇到了糟糕的事情。而同样是面对这半杯咖啡，另一个朋友却对你说："太好了，还有一半可以喝呢！"他的话语中充满了乐观和满足，这让你也感到心情愉悦，仿佛那半杯咖啡成了值得珍惜的"小确幸"。

对比之下，你会更愿意和哪个朋友相处呢？显然是后者，对吧？这个"半杯咖啡心态"虽然只是一个小例子，却深刻地揭示了在沟通时使用积极框架或消极框架会给他人带来不同的感受。这种对于积极态度还是消极态度的选择倾向，会体现在一个人生活的方方面面。它不仅影响我们自身的感受，也间接地影响身边人的情绪和我们与他们的相处方式。

因此，了解并运用框架效应，不仅可以帮助我们更有效地传达信息，还能引导我们自己和他人做出更积极的反应和决策。选择积极的思考框架，让我们能够更加关注信息的积极面，从而激发积极情绪和行动力，让我们的生活充满阳光和正能量。

框架效应的魔力如何施展

那么，我们该怎么使用框架效应呢？我们需要注意以下几个核心要素。

首先，是参照点的选择。参照点就像我们的心理指南针，不同的参照点会引导我们关注信息的不同方面。比如，当我们评价一个学生的成绩时，如果说"你只得了 80 分，还有 20 分没拿到"，这样的说法可能会让人感到挫败；但如果说"你已经掌握了 80% 的知识，剩下的 20% 再努努力"，这样的表述就能激发人的积极性。参照点的微妙变化，能给人带来截然不同的心理感受。因此，在使用框架效应时，我们可以巧妙地选择参照点，以引导他人关注信息的积极面，从而激发他们的积极情绪和行动力。

其次，是得失敏感度的差异。比起获得，人们往往对损失更加敏感，这是心理学上的一个有趣发现。所以，在描述一件事时，如果我们能巧妙地强调可能获得的收益，往往能比强调可能避免的损失更吸引人。因此，在运用框架效应时，我们可以向他人着重强调能够获得的好处，以激发其兴趣和行动力。

最后，是心理账户的影响。在我们的心里，其实有很多个不同的心理账户，我们会把不同的资金或资源归入这些账户中，而这些账户之间并不总是相通的。所以，在描述一个交易或决策时，如果我们能巧妙地将其与人们的某个特定的心理账户相关联，就能引导他们做出更符合我们期望的决策。

总体来说，框架效应在我们的日常生活中无处不在，影响我们的判断和决策。如果想有效运用它，我们可以关注参照点的选择、得失敏感度的差异及心理账户的影响。通过巧妙地调整信息的呈现方式，我们就能引导他人做出更积极的反应和决策，让生活中的沟通变得更加有趣和富有成效。

好消息、坏消息，先说哪一个

在框架效应的指导下公布消息，也是一门大学问。我们经常听到一句话："我有一个坏消息和一个好消息，你想先听哪一个？"其实，如果我是公布消息的一方，更好的方式不是让对方选择，而是我来帮他做出选择。因为，框架效应也同样适用于公布消息，不同的公布方式会影响他人的感受和反应。

当我们手头上既有好消息也有坏消息时，该如何巧妙地公布才能达到我们想要达到的最佳效果呢？芝加哥大学教授理查德·塞勒（Richard Thaler）就基于框架效应为我们提出了公布消息的四个黄金原则。

想象一下，如果你有好几个好消息要公布，你会怎么公布呢？千万别一股脑儿地全说出来，得一个一个地告诉别人。因为这样一来，每一个好消息都能独立地制造快乐，从而让总的快乐指数更高。比如，你的老板奖励了你 1000 元钱，然后你在百货商店抽奖又中了 1000 元钱，这时候你应该把这两个好消息分开，先告诉你爱人一个，过两天再告诉他另一个。这样，他就能开心两次，快乐指数也会更高。

那如果你有好几个坏消息要公布呢？这时候就不能一个一个地说了，得一起说出来。虽然让人们一次性面对所有问题，听起来有点儿残酷，但这样至少能减轻他们反复面对坏消息的痛苦。比如，你今天不小心把手机弄丢了，又把你爱人的自行车给弄丢了，这时候你就不应该今天告诉他手机丢了，明天再告诉他自行车也丢了，让他痛苦两次。相反，你应该一次性把所有坏消息都告诉他，虽然他可能会一时难以接受，但至少不会反复受到打击，可以一次性面对并处理所有问题。

如果你有一个特大的好消息和一个小小的坏消息，那你就应该把这两个消息一起告诉别人。两个消息会起到对冲的作用，让坏消息带来的痛苦被好消息带来的快乐冲淡。比如，你中了 100 万元奖金的彩票，但是不小心刮花了车，这时候你应该把这两个消息一起告诉家人，他们虽然会为刮花了车感到遗憾，但这种遗憾会被中彩票的喜悦冲淡。

反过来，如果你有一个大大的坏消息和一个小小的好消息，那就应该分开公布。把好消息和坏消息分离，让好消息带来的快乐不至于被坏消息带来的痛苦湮没。比如，你丢失了 1 万元钱，但是在整理房间时你意外发现了一个你一直以为已经丢失了的珍贵纪念品，这时候你应该先告诉家人你丢失了钱，让他们有个心理准备，然后再告诉他们你找到了这个纪念品，这样他们就能在失落中找到一丝安慰。

以这样的组合方式来表达，虽然已发生的事情本身没有变，但因为我们采用了更好的表达顺序和表达方式，就会给听者带去更好的感受。

总体来说，框架效应教会我们一个关键道理：在沟通中，"怎么说"往往比"说什么"更重要。掌握这一点，我们的沟通就会更加有效，充满正向的力量。

第二节

羊群效应：善用从众心理提升说服力

　　一个小镇上新开了一家餐馆，名叫"味之源"。这家餐馆的开业并没有引起太大的轰动，因为小镇上已经有很多家餐馆了，居民们对这家新开的餐馆并不是特别感兴趣。

　　然而，有一天，一位知名的美食博主偶然间走进了味之源，并在社交平台上发布了一条视频，称赞这家餐馆好吃、量大，而且很多菜品很有创意，值得推荐。这条视频迅速在网络上走红，获得了大量的关注和转发。

　　一时间，不管是本地的居民还是外地的游客，都要来味之源品尝"打卡"。很快，味之源就变得门庭若市，已然成了网红餐厅。很多人慕名来到这里之后，都会自发地在社交平台上发布视频和笔记，展示一下自己来过。

　　其中有一些人在品尝后发现，味之源的食物虽然不错，但并没有想象中那么惊艳。但是，因为他们看到其他人都称赞这里的食物，所以他们也跟着评价这家餐馆确实很棒。

因此，来味之源的食客络绎不绝。

看到这个故事，你是否联想到了生活中的那些网红餐厅和景点？为什么近年来，越来越多的餐厅邀请美食博主前来探店，旅游景区也找寻旅行达人进行体验推荐，各大品牌更是纷纷找 KOL（关键意见领袖）、KOC（关键意见消费者）对产品进行试用测评呢？这一切的背后，其实都是一个原因：羊群效应。

羊群效应离不开于人们对羊群的观察和研究。在羊群中，当领头羊选择某一个方向时，其他羊倾向于跟随，而不是独立做出决策。

有人曾做过一个有趣的实验：在一群羊面前设置了一个栅栏，领头羊一跃而过，后面几只羊也跟着跳了过去。但当工作人员把栅栏移走后，再后面的羊走到这里时，仍然像前面的羊一样跳了一下，就像栅栏还存在一样。这就是典型的羊群效应。

其实在我们人类社会中，这种"模仿领头羊"和"跟随羊群"的行为也非常常见。这些行为体现的就是从众心理，这种心理驱使我们模仿他人的行为、选择，以寻求"安全"和"正确"的感觉。

比如，人们去饭店吃饭，如果一家饭店到了该吃饭的时间还没什么客人，很多人就不会选择这家店；但如果某家饭店里食客爆满，甚至出现等位的情况，很多人在时间允许的情况下，宁愿等一会儿也要在这家店吃。

因为当我们看到一家店没什么客人光顾时，就会认为这家店不行，可能食物不美味或服务不好；而当我们看到某家店客人爆满时，就会觉得这家店肯定不错，食物和服务都值得尝试。这种从众心理导致我们倾向于选择那些已经被大众认可和接受的事物，因为这样做似乎更能保证我们的选择是正确的，不会出错。

为什么我们如此容易从众

那么，为什么我们会如此容易产生从众心理呢？这背后的心理学原因其实很有趣，值得我们深入探讨一番。

首先，从众心理在很大程度上源于人们的社会认同需求。作为社会性动物，我们渴望被所在的社会群体接纳和认同。

想象一下，你参加了一个社交活动，周围都是陌生的面孔，你可能会感到有些局促和不安。这时，你注意到大多数人都聚在一起，热烈地讨论一部最近很火的电影，你虽然对这部电影并不是特别了解，但为了不显得格格不入，你也加入了讨论，分享自己对这部电影的"看法"。

我们想要被他人接纳的需求引导我们去模仿身边人，去做相似的事，以此让我们感受到"合群"和"安全"。这种从众心理，其实是我们对社会认同的一种渴望和追求。

其次，从众心理也关乎信息的匮乏性。在面对不确定的情况并需要做出决策时，我们往往缺乏足够的信息或知识来做出明智的选择。这时，观察他人的行为就成了一种获取信息的途径。我们倾向于认为，如果很多人都在做同样的事情，那么这件事情很可能是正确的或有益的。

比如，你在网上选耳机，品牌很多，款式也很多，每款都有它自己的特色，你非常纠结，不知道该选哪个。这时候，你的眼睛就开始不自觉地往销量和好评排行榜上瞟。你看到某款耳机的销量高得吓人，好评如潮，心里就开始琢磨：这么多人都买了，还给了好评，这个耳机肯定不错！于是，你毫不犹豫地选择了它。这就是从众心理在起作用，他人的选择和评价成了你做决策的信息依据。

最后，从众心理还与人们避免承担风险与责任的倾向有关。人们通常害怕做出错误的选择并要承担由此带来的风险和责任。当我们跟随大多数人的选择时，即使结果不如预期，我们也可以将责任归咎于群体，而不是自己。这种心理机制让我们避免自我怀疑，使我们更愿意选择随大流，而不是冒险尝试新的或不同的选择。

比如，在投资领域，很多投资者倾向于选择市场上的热门股票或基金，因为他们害怕自己的选择会带来损失。而跟随大众选择，即使亏损了，也可以安慰自己"大家都这样"。这种从众心理，其实是我们对风险和责任的一种逃避。

用好羊群效应，说服他人就是小菜一碟

羊群效应虽有消极的一面，但如果我们能够巧妙并合理地利用

它，它就能在生活、职场，甚至是商业领域中成为我们的强大助力。

我曾听过这样一个故事——有一家酒店之前在房间卫生间的告示牌上写着："为节约资源，请重复使用毛巾。"但几乎没有客人遵守。后来，酒店改变了告示牌上的内容："本店大多数客人都在重复使用毛巾，为保护地球做出贡献。您也愿意加入这个环保行动吗？"结果，大多数客人都开始重复使用毛巾了。

这个故事生动地展示了羊群效应在说服他人时的巨大潜力。通过巧妙地利用从众心理来进行正向表达，我们可以引导他人做出更符合我们期望的选择。无论是销售产品、在会议上说服他人支持自己的方案，还是在日常生活中影响他人的选择，羊群效应都可以发挥巨大的作用。

比如，想象一下，你是一位销售人员，正试图推销一款新上市的智能手表。在介绍产品时，你不仅强调它的功能有多强大、设计有多时尚，还特意提到："这款智能手表在上市初期就已经受到了众多消费者的热捧，他们反馈说，这款手表给他们的生活带来了很大的便利。您看，这是部分用户的真实评价……"说着，你展示了几条好评截图。

这样的表达方式，无疑是在利用羊群效应让消费者感受到，既然已经有这么多人选择了这款手表，并且给出了好评，那么这款手表肯定是值得购买的。这样一来，你成功说服消费者的概率就会大大提高。

再比如，在会议上，你提出了一套新的市场推广方案。但你知道，要让这个方案得到大家的认可并不容易。于是，你在阐述方案时，不仅详细介绍了方案的优点和预期效果，还特意引用了几位行业专家的观点。你说："其实，这个方案的核心思路与多位行业专家最近的研究观点不谋而合。他们普遍认为，未来的市场推广将更加注重内容的个性化和渠道的多元化，而我的方案正是基于这些观点设计的。"接着，你又提到："而且，我已经和我们团队的两位领导沟通过了，他们都非常支持这个方案，认为它有很大的实施价值。"

这样一来，你就在无形中利用了羊群效应，让其他团队成员觉得，既然你的方案是基于专家的观点，并且团队领导都支持这个方案，那么这个方案大概率是可行的、值得尝试的。于是，他们也更愿意表达对你的支持。

通过以上两个例子，我们可以看到，羊群效应在正向表达中的运用实际上是一种智慧的体现。它巧妙地帮我们借助他人的选择和评价，增强自己的说服力和影响力。

当然，这也要求我们在运用羊群效应时，必须确保所引用的内容是真实可信的，不能为了说服他人而捏造事实或夸大其词。只有这样，我们才能真正发挥羊群效应的积极作用，让自己在生活、职场和商业领域中更加游刃有余。

第三节

"知识的诅咒"：放下优越感，讲别人能懂的话

　　张老师是一位刚毕业的历史专业新手老师，他知识渊博，对历史充满兴趣。然而，当他满怀激情地走上讲台，面对学生时，却遇到了意想不到的困扰。

　　他认真地讲着课本上的内容，每一个细节都不放过，希望学生们能够全面、深入地了解历史。然而，学生们却听得索然无味，甚至有些人表示听不懂。张老师感到很苦恼，他觉得自己已经讲得很全面了，为什么学生们会说听不懂呢？

　　为了找到问题的答案，张老师私下问了班上的一些学生。学生们告诉他，他们想象不到历史上的那些画面，理解不了那些复杂的历史事件和人物关系。对他们来说，课本上的时间和人物都是冷冰冰的知识，无法激起他们的学习兴趣。

听到这里，张老师恍然大悟，他意识到自己可能是受到了"知识的诅咒"。他所拥有的历史知识是如此丰富，以至于他很难想象对学生们来说，这些知识是多么陌生和难以理解。他决定换一种方式来教授历史。

于是，张老师开始尝试用更加生动、具体的方式来讲述历史故事。他带领同学们一起想象自己是古代的将领或智者，用亲身经历般的语言描述历史事件，让学生们感觉自己仿佛置身于那个时代。同时，他还将历史事件与现代社会的生活相联系，让学生们感受到历史的现实意义。

经过一番努力，学生们终于开始对历史产生兴趣了。他们能够在课堂上积极参与讨论，提出自己的见解和疑问。张老师感到非常欣慰，他意识到，这种生动、具体的讲述方式确实可以打破"知识的诅咒"，让学生们更加深入地理解和掌握知识。

"知识的诅咒"从何而来

"知识的诅咒"这一概念来源于斯坦福大学的一个心理学实验，由博士研究生伊丽莎白·牛顿（Elizabeth Newton）在 1990 年提出。在这个实验中，被试被分成两组，分别扮演"击节者"和"听猜者"。

击节者拿到一份包括《祝你生日快乐》等众多耳熟能详的歌曲的歌单，他们任意选定一首歌曲，然后用手指在桌子上敲出歌曲的节奏。而听猜者则需要根据敲击的节奏来猜出歌名。由于这些歌曲对击节者来说太过熟悉，他们事先预估猜中的概率大概为 50%。然而，在测试了 120 次后，听猜者只猜对了 3 首。

这一惊人的结果揭示了"知识的诅咒"现象：一旦我们掌握了某种知识，就很难想象没有这种知识的人会面临怎样的困惑和挑战。

为何我们难以逃脱"知识的诅咒"

如果你仔细地回想一下，你就很容易发现"知识的诅咒"的存在。想象一下，你学会了骑自行车后，就很难回忆起初学时的笨拙和挣扎了。当你试图教别人骑车时，你可能会想：这不是很简单吗？为什么他们就是学不会？这就是"知识的诅咒"在起作用。

"知识的诅咒"之所以存在，是因为当我们掌握了某种知识或技能后，我们的思维方式和认知框架就发生了改变。我们很难再回到那种一无所知的状态，去感受初学者所面临的困惑和挑战。这种"诅咒"在日常生活和工作中无处不在，它像一道无形的墙，阻碍着我们与他人的知识交流。

尤其在沟通场景中，"知识的诅咒"体现得更加明显。比如，我们在给别人指路时，脑子里就像有张地图，上面的路线清清楚楚。可对方呢？一脸茫然，因为他们的脑子里没有这张地图，我们的陈述会让他们犯迷糊。

又如，聊起专业知识，我们脑子里的那些概念就像老朋友一样，关系清清楚楚。可对方呢？跟听天书似的，因为他们的脑子里没有这些"老朋友"，很多术语都让他们头疼。

再如，当我们解释某种技术操作时，我们讲述的那些步骤一环扣一环。可对方呢？听得一头雾水，因为他们没有操作过，所以很多步骤听起来都很复杂和难以理解。所以，如果我们仔细思考一下就会发现，我们生活中出现很多沟通障碍，都是因为"知识的诅咒"的存在。

沟通的困境——"知识的诅咒"在行动

在职场中，"知识的诅咒"常常导致沟通不畅，影响工作效率和团队合作。比如，一个经验丰富的项目经理可能很难向一个新入职的团队成员解释项目的复杂性和紧迫性。在他看来那些明显要快速完成的紧迫的任务，对新人来说却显得模糊不清。这可能会导致新的团队成员无法准确地理解任务要求，进而影响整个项目的进度。

在市场营销领域，"知识的诅咒"也时常显现。营销专家可能对自己公司产品的独特性和市场定位了如指掌，但在向潜在客户介绍时，却往往忽略了客户可能并不具备相同的行业知识和背景。结果，营销信息可能显得过于专业或晦涩难懂，无法有效吸引客户的兴趣。

在家庭中，"知识的诅咒"同样存在。父母在教孩子学习新知识或技能时，可能会因为自己已经熟练掌握了这种知识或技能而觉得孩子理所当然能快速学会，忽略了孩子在初学时的困惑和挣扎。比如，在教孩子学习数学时，父母可能会觉得某些概念很简单，但孩子却难以理解。这是因为父母已经忘记了自己在学习这些基础知识时所经历的挣扎，无法用孩子能理解的方式去解释。

在教育领域，"知识的诅咒"也常常导致教学效果不佳。教师可能对自己所教的学科内容非常熟悉，但在向学生传授知识时，却往往忽略了学生的认知水平和理解能力。结果，教师可能讲得滔滔不绝，学生却听得一头雾水，无法真正理解和掌握知识。

打破"诅咒"：正向表达的艺术

那么，我们该如何打破"知识的诅咒"，更有效地进行正向表达呢？

首先，我们需要意识到这种"诅咒"的存在。在传授知识或沟通想法时，我们要时刻提醒自己：不要认为别人和自己拥有同样的认知基础。我们要想象自己是一个初学者或听众，去感受对方的困惑，然后用对方能够理解的方式去解释或表达。

其次，尝试用简单、直观的方式来讲述复杂的知识或想法。用比喻、举例、图表等辅助手段，帮助听者构建起对知识的直观理解。比如，我们可以用一个简单的故事来解释一个复杂的科学原理，或者用一张图来展示复杂的数据关系。

最后，鼓励互动和反馈。让听者提出问题，针对他们的疑惑进行解答。这样不仅可以检验我们的传达效果，还能让听者更加深入地理解我们所表达的内容。我们可以从他们的反馈中了解到自己的传达方式是否存在问题，从而不断改进自己的表达技巧。

总而言之，"知识的诅咒"是一个值得我们深思的概念。它提醒我们在传授知识、表达想法时要保持谦逊和开放的心态，尊重他人的认知局限并努力克服信息不对称带来的障碍。只有这样，我们才能实现更加有效和顺畅的沟通与交流。

无论在职场、家庭还是社交场合中，正向表达都是打破"诅咒"、实现有效沟通的关键。让我们努力打破"知识的诅咒"，用更加清晰、直观的方式与他人分享我们的知识和想法吧！

第四节

登门槛效应：用"小请求"打造"大改变"

青青最近决定要开始健身，于是她去了两家不同的健身房咨询办卡事宜。在第一家健身房，她遇到了经理小王。小王热情地接待了她，并详细地介绍了一份包含私人教练服务、全年健身房使用权及各类团体课程的年卡套餐。他信心满满地告诉青青，这个套餐"一价全含"，绝对能满足她所有的健身需求。

然而，青青听了之后却有些犹豫，一下子无法做出决定。她告诉小王："我需要考虑一下，这个套餐对我来说可能太全面了。"小王有些失望，他不明白为什么这么好的套餐青青却不愿意接受。

接着，青青去了第二家健身房，遇到了经理小张。小张的做法与小王截然不同。他没有一开始就向青青推荐最全面的年卡套餐，而是先与她聊天，了解她的健身目标和需求。然后，他邀请青青参加一次免费的健身体验课，让她先感受一下健身房的氛围。

青青听完就答应了。上完体验课后，小张又提议："既然你已经感受到了健身的乐趣，不妨考虑办一张季度卡，先尝试一下三个月的健身计划。这样你可以更深入地了解我们的服务和课程，也能更好地调整你的健身计划。"

青青想了想，觉得这个提议很合理。她已经体验过了健身房的活动，对这里的环境和服务都有好感，办一个季度卡试试也无妨。于是，她欣然接受了小张的提议，并办理了季度卡。

通过对比两家健身房，青青深刻认识到了"登门槛效应"的奥秘。在第一家健身房，小王的推荐让她感到有压力，无法做出决定。而在第二家健身房，小张通过一步步引导，让她更容易地接受了办卡的建议。

从"一步到位"到"小步快跑"：登门槛效应的智慧

登门槛效应是一个有趣的心理学效应。它说的是，当一个人接受了一个小的要求后，就更有可能接受大的要求。

这个概念来源于 1966 年美国社会心理学家弗里德曼（Freedman）与弗雷瑟（Fraser）做的实验。在这个实验中，他们选择了一些家庭主妇作为实验对象，并随机将她们分为两组。

对于第一组家庭主妇，实验者首先提出了一个微不足道的要求：将一个小的广告牌放在她们的窗户上。这个要求非常简单，几乎不会给主妇们带来任何麻烦，因此她们愉快地答应了。

过了一段时间，实验者再次拜访这些主妇，并进一步提出要求：将一个更大、不太美观的广告牌放在她们的院子里。尽管这个要求比之前的要过分，但大多数主妇（55%）还是答应了这个要求。

而对于第二组家庭主妇，实验者没有提出放小广告牌的要求，而是直接要求她们将那块大广告牌放进院子里。结果，只有少数主妇（17%）答应了这个要求。

通过这个实验，弗里德曼和弗雷瑟验证了他们的假设：人们在答应了一个较小的要求后，更有可能答应一个大的要求。因为人们在面对要求时，往往会有一个"心理门槛"。如果一开始的要求就很高，人们很容易产生抵触情绪，拒绝的可能性就很大。但如果先提出一个较小的要求，让人们跨过这个"门槛"，那么后续再提出大的要求时，人们就会因为之前已经有所行动而更容易答应。

登门槛效应为何如此有效

登门槛效应之所以如此有效，是因为其背后隐藏着两个重要的心理学原因：自我承诺与一致性原则，以及心理惯性。

首先，我们来聊聊自我承诺与一致性原则。当人们做出一个承诺或答应一个要求时，他们会产生一种内在的压力让自己去履行这个承诺或答应后续的要求，以保持自我形象的一致性。这种一致性原则促使人们在答应了一个小要求后，更可能答应后续大的要求，以避免自己给他人留下"出尔反尔"的印象。

就像青青在第二家健身房的经历一样，在她接受了小张的邀请，参加了一次免费的健身体验课后，她就有了一个"承诺"，即她愿意尝试并体验健身。这个"承诺"像无形的契约，让她在面对后续的要求时，感受到了保持行为一致性的压力。

随后，当小张提出办一张季度卡这个大的要求时，青青感受到了这种内在压力的作用。她觉得，既然自己已经答应了免费体验这个小要求，并因此做出了尝试健身的承诺，那么再答应办张季度卡这个大的要求也是合理的。这样做，她才能让自己的行为保持一致性，避免给别人留下"出尔反尔"的印象。因此，她更倾向于答应这个大的要求，继续健身。

再来说说心理惯性。心理惯性可以说是我们思维和行为上的一种"惰性"，使我们总是倾向于保持当前的状态或行为模式。比如，我们有时候会觉得，既然我已经开始做这个事情了，那么继续做下去也是顺理成章的。在登门槛效应中，心理惯性也发挥重要的作用。

在青青的例子中，当她答应了参加免费体验课的小要求后，就已经形成了一种"答应要求"的心理惯性。这种惯性就像一股无形的力量，使她在面对后续大的要求时，更可能选择继续答应而不是拒绝。因为她已经迈出了第一步，跨过了那个"心理门槛"，所以再往前走几步就显得更加容易和自然了。

因此，登门槛效应之所以有效，是因为它巧妙地利用了人们的自我承诺与一致性原则及心理惯性。先提出一个较小的要求，让对方跨过"心理门槛"，然后再逐步提出大的要求，就能够让对方更容易地接受并行动起来。这种策略不仅适用于产品销售等商业场景，也同样适用于日常生活中的各种沟通和交流。只要我们善于运用登门槛效应的智慧，就能够更加轻松地引导他人接受我们的想法和建议，实现更好的沟通和合作。

如何在生活中巧妙运用"小步快跑"策略

了解了登门槛效应，你就可以更好地运用它，无论是在工作还是在生活中，它都能帮助你更好地实现目标。

比如，你作为一个项目经理，当你希望团队完成一个大项目时，可以先将大项目分解，让团队先着手完成一个小模块的工作。当团队完成后，给予肯定和鼓励，这样团队就能获得成就感，随后再逐步增加任务量。这种正向的激励方式，能够让团队更加积极地面对挑战。

再比如，你作为家长，如果你希望孩子能养成良好的学习习惯，也可以运用登门槛效应。先从每天阅读十分钟开始，当孩子有了这个习惯后，再逐渐延长时间和增加阅读难度。这种逐步引导的方式，能够让孩子在不知不觉中养成良好的学习习惯，而不是感到被强迫或压力大。

在商业领域，许多公司也巧妙地利用登门槛效应进行销售。它们先提供免费试用或低价入门产品给客户，让客户先体验产品的价值，然后再逐步引导客户购买更高级别的产品或服务。这种方式不仅降低了客户的购买门槛，还通过体验和引导增加了客户的黏性，提升了客户的忠诚度。

在教育领域，教师同样可以使用登门槛效应。教师可以先给学生布置一些简单的作业或任务，让他们逐步适应学习的节奏，然后再逐渐增加难度和挑战性。这种逐步引导的方式能够帮助学生建立自信，激发学生的学习动力，避免因为一开始难度过大而使学生产生挫败感和厌学情绪。

利用登门槛效应使关系更亲密

此外，在人际关系中，登门槛效应也发挥着重要的作用。在人际关系中，如果你想要向他人提出一个较大的请求，不妨先从小事开始，逐步建立信任和好感，然后再提出较大的请求。这种策略是一种智慧的人际交往方式。

比如，在工作中，如果你希望与一位新同事建立合作关系，共同完成一个大型项目，你可以先从他感兴趣或擅长的小任务开始与他合作。在合作过程中，你要展示出你的专业能力和团队精神，让对方感受到你的可靠性和价值。通过小合作，你们之间的信任和默契会逐渐建立起来。接下来，当你觉得时机成熟时，就可以适时地提出大的合作请求。由于之前你们已经建立了良好的信任和互动基础，因此对方更有可能接受你的请求，并愿意与你共同面对更大的挑战。

从小事开始，逐步与他人建立信任和好感，再适时地提出大的请求，能够让我们与他人更好地进行深入的联系和合作，共同创造更多的价值和美好。

第五节

留面子效应：给对方面子，沟通事半功倍

周末的早晨，妈妈轻轻推开小明卧室的房门，眼前的景象让她不禁皱了皱眉：小明的书桌上一片狼藉，书本、文具散落一地，地上还有昨天吃剩的零食，整个房间显得格外凌乱。她心里想：这孩子，房间怎么乱成这样？我得想个办法让他自己收拾一下。

妈妈看着小明躺在床上懒洋洋的样子，灵机一动，决定尝试一个巧妙的策略。她尽量让自己的语气听起来轻松愉快："小明，妈妈有个想法，今天我们一起把家里打扫一遍怎么样？包括擦窗户、拖地、洗碗、洗衣服，还有整理书桌，你觉得怎么样？"

小明一听，立刻从床上坐了起来，一脸不情愿地说："哎呀，妈妈，怎么有这么多活啊？我可不想干。"

妈妈假装很失望，露出了难过的神情，然后犹豫地说：

"那好吧，除了你卧室的卫生，剩下的妈妈自己一个人打扫吧。不过，你要负责把自己的房间收拾好，可以吗？"

小明听了妈妈的话，愣了一下，心里有些愧疚。他看了看妈妈期待的眼神，又看了看自己凌乱的房间，竟然爽快地答应了："好的，妈妈，没问题！那我就整理一下我的房间吧。"

妈妈心里一阵欣喜，她的策略成功了！她看着小明开始动手收拾房间，心里暗暗庆幸自己运用了留面子效应。原本可能引发的抵触情绪，在她的智慧引导下，转变成了积极的行动。

留面子效应为何如此有效

其实，留面子效应不仅适用于家庭，它在职场中也能发挥作用。特别是在你想要让对方答应你的要求或请求的情况下，留面子效应更是好用得不得了。运用它主要分为两个步骤：先提出一个较大的要求，然后再适时地降低要求。这样，对方往往更容易接受你提出的较小的要求。

留面子效应之所以如此有效，其背后的心理学原理功不可没。它主要涉及两个关键点：对比效应和互惠原则。

先来说说对比效应。在买东西需要讲价的时候，你是怎么讲的呢？有讲价经验的人，大概率是先说一个比自己心理预期更低的价格，在被拒绝后，再说出自己的心理预期价格，这样的成功率更大。这就是对比效应在发挥作用。

想象一下，你去买衣服，看中了一件标价 100 元的 T 恤衫。你心里觉得如果是 80 元就非常合适了，但你不会直接开口说 80 元，你会先试着跟店员说："这件 T 恤衫能不能打 5 折，也就是 50 元卖给我呢？"店员一听，肯定会觉得太离谱了，摇头说"不行"。这时候，你再提出："那这样吧，80 元怎么样？我觉得这个价格还是比较合理的。"由于之前你已经提出了一个更低的 50 元作为参照，继而提出的 80 元就显得相对合理了，店员也就更容易接受。这就是对比效应在起作用。

再来说说互惠原则。这个原则说的是，在社交互动中，人们倾向于回报他人的让步或妥协。在运用留面子效应时，当你首先提出一个较大的要求并遭到拒绝后，你就可以做出一种"让步"，即提出一个较小的要求。这时候，对方为了维护社交的和谐和互惠关系，往往会愿意满足你这个较小的要求，因为对方觉得这样才算是对你之前的"让步"有所回应。这就是互惠原则在发挥作用。

如何在生活中运用留面子效应

通过运用留面子效应，你可以更加巧妙地引导对话和谈判，使对方更容易接受你的提议或要求。无论在生活还是在职场沟通场景中，这一心理学效应都能帮助你更有效地达到目的。

　　比如，你租房的时候，看中了公寓里的一间市场价是每月3000元，但是你想要以2700元的价格租下。你可以跟房东说："这个房间能不能以每月2500元的价格租给我呢？"房东一听，可能会摇头说："太低了，我们没法租。"这时候，你就可以接着说："那好吧，我真的喜欢这个房间，那我再涨一些，2700元怎么样？这是我能支付的最高价格了，再高就超出预算啦。"房东之前已经拒绝了你提出的2500元的价格，现在你把价格涨到2700元，他可能就会想：嗯，2700元确实比2500元好多了，那就租给他吧！

　　在职场上，这个效应也同样好用。比如，你想请5天假去旅行，你可以先跟老板说："我能请10天假吗？这段时间比较累，我想好好休息一下。"老板一听，可能会皱着眉说："时间太长了，没法批。"这时候，你就可以接着说："那我请5天假怎么样？这样我可以短暂地休息一下，回来也能更好地工作。"老板之前已经拒绝了你10天的请假要求，现在你再提5天，他可能就会想：嗯，5天确实比10天好多了，那就批给他吧！

　　在项目资源和预算申请时，留面子效应也同样奏效。比如，你负责一个项目，需要两名员工和十万元的预算来支持，你可以先向上级提出需要五名员工和十五万元预算的请求。当上级表示无法安排或批准时，你再提出需要两名员工和十万元预算的请求。此时，上级可能会因为你之前提出的请求而觉得两名员工和十万元预算是一个相对较小的请求，从而更容易批准。

　　你看，留面子效应是不是很神奇？它能让你在提出请求和谈判沟通时更加得心应手。

　　当然，在应用留面子效应时，你也需要注意一些事项。首先，要确保你提出的第一个请求确实是合理的。如果第一个请求过于离谱或不合理，对方可能会认为你是在戏弄他，从而破坏彼此的关系。

　　其次，要在提出第二个请求时表现出真诚和妥协的态度，让对方感受到你确实是在考虑他的立场和利益，而不是一味地想要达到自己的目的。这样，对方才更有可能答应你的第二个请求。

　　最后，要灵活运用留面子效应。在实际生活中，情况往往复杂多变，你可能需要根据对方的反应和情境的变化来调整你的策略。比如，如果对方对你的第一个请求表现出极大的兴趣或愿意妥协的迹象，你就可以考虑是否要做出让步。

　　总之，留面子效应可以帮助你在各种场合下进行正向表达，更加有效地与他人沟通和协商。无论在生活中还是在职场中，你都可以试着运用留面子效应，让你的表达更加正向、有力。相信只要你用对了方法，就一定能够事半功倍！

第六节

聚光灯效应：别人没你想的那么关注你

一个午后，大三学生方明站在演讲比赛的舞台幕后，这是他首次面对如此众多的观众，他的心中交织着期待与不安。听着主持人介绍他时，方明的手心开始不自觉地冒汗，心跳如打鼓，心脏仿佛要从嗓子眼儿里跳出来。

回想起小时候，每当老师点名让同学们来回答问题时，他总是因为害怕而不敢抬头，那种紧张感一直延续到了今天。此刻，幕布拉开，聚光灯突然打在方明的脸上，他感到光芒刺眼，他努力睁开眼睛，看到观众席上黑压压的人群，无数双眼睛盯着自己，仿佛每一双眼睛都带着期待和评判。他的呼吸变得急促，脑海中一片空白。

深吸一口气，方明试图平复内心的慌乱。然而，当他看向人群时，所有的自信和准备似乎都消失不见了。他感到自己的声音在颤抖，身体也在颤抖，演讲变得支离破碎，每一个字都充满了挣扎和不安。他心中只有一个想法：快点结束，赶紧下台。

演讲终于结束了，他不知道自己是如何走下舞台的，只知道自己的内心充满了挫败感和无助感。坐在角落里，他感到自己像做了一个噩梦。他很苦恼，很想知道为什么自己会受困于这种紧张的情绪。

聚光灯效应：过度关注自我

方明出现这种紧张情绪，是因为他站在舞台的聚光灯下，感受到了来自台下众多目光的聚焦。他感觉自己的每一个动作、每一句话都被关注，因此他担忧自己的表现是否有瑕疵，从而变得格外紧张。实际上，这种情况非常常见，很多人甚至会将在舞台上的紧张状态带到他们的日常生活中。

你是否曾有过以下心理状态？

"哎呀，我的天哪！刚买的小白鞋怎么就脏了呢？黑黑的一片污渍，看起来好显眼啊！走在街上，别人一眼就看见了，真是太丢人了。我还是赶紧回家换一双鞋子吧……"

"老师叫我把答案写在黑板上，但我却没能写出来，也太尴尬了。我怎么会这么不争气呢？大家肯定都在心里取笑我……"

"刚才发言时，思维混乱了，说话有点儿前言不搭后语，大家一定都听出来了吧。他们肯定在心里偷偷笑话我，散会后肯定要在背地里议论我了……"

不陌生吧？这些心理状态其实都与一个心理学效应有关——聚光灯效应。它揭示了我们普遍存在的一种心理倾向：我们往往会不自觉地高估他人对自己的关注度。尤其是当我们处于某种被关注的情境时，我们会不自觉地放大自己的问题，感觉好像所有人都在盯着我们看，对我们的每一个小动作、每一句话都格外在意。出现这种感觉，其实背后有几个心理层面的原因。

聚光灯效应从何而来

首先，我们得承认，人都是有偏见的，而且往往容易以自我为中心。我们总是习惯性地认为自己是世界的中心，是所有场合的焦点。这种自我中心化的思维方式，让我们在公众场合或者重要时刻会更加关注自己的表现和他人的评价。这样一来，紧张感和焦虑情绪自然就被放大了。

再来说说透明度错觉。这其实是个挺有趣的现象。我们总是错误地认为自己的情绪、想法和行为能够轻易地被他人察觉。在社交场合中，这种错觉让我们变得更加敏感和紧张，担心自己任何细微的表情或动作都会暴露内心的不安或尴尬。但实际上，除非我们的反应过于明显，否则他人是很难准确地感知到我们的内心状态的。这种透明度错觉，无疑加剧了我们的担忧。

除此之外，社会比较和认同需求也是聚光灯效应产生的心理原因。在社交环境中，我们难免会与他人进行比较、寻求他人的认同和接纳。当我们担心自己的表现可能不符合他人的期望或标准时，就会产生强烈的焦虑和紧张情绪。这样的情绪进一步提升了我们对他人关注的感知程度，让我们感觉好像所有人都在盯着我们看。

最后，从进化心理学的角度来看，聚光灯效应可能与我们祖先在生存竞争中形成的敏感性和警觉性有关。在原始社会中，个体需要时刻保持对周围环境的警觉以应对潜在的威胁和挑战。这种敏感性和警觉性在一定程度上遗传了下来并融入现代人的心理机制中。所以当我们感受到他人的关注时，敏感性和警觉性就会被触发，从而放大我们的紧张和焦虑情绪。

为何在聚光灯下，我如此颤抖

"为什么我上台演讲或公开发言的时候会发抖呢？"这是我曾听到的来自一个朋友的疑问。其实，这种情况在日常生活中并不罕见。许多人站在众人面前准备发言时，都会感到心跳加速、手心冒汗、身体发抖，甚至脑袋一片空白。这种紧张感让人深感苦恼，尤其是身体发抖，更是成了许多人的困扰。

如果你也正为此感到担忧和焦虑，不妨放宽心，因为这是一种身体的本能反应，它与战逃反应这种机制紧密相关。战逃反应源自远古时代。在遇到野兽等危险情境时，我们的祖先需要迅速评估对手的实力与威胁程度。基于这一判断，他们会立即做出两种反应之一：如果认为有能力对抗，便会选择"战"，即战斗以保护自己或群体；若认为对手过于强大，则会选择"逃"，即迅速逃离以避免伤害。无论如何选择，身体都处于高度紧张的状态，准备应对即将发生的挑战，以确保自己能够生存。战逃反应这种机制深深烙印在我们的基因中，即便在现代社会，我们在面对压力情境时，它仍会被触发。

因此，当我们站在众人面前准备开口时，压力就触发了战逃反应机制。我们的身体可能想要逃离这个令人不安的场景，或者想要战斗以克服内心的恐惧。然而，由于现代社会的规范和期望，我们既无法"逃"，也无法"战"，只能站在原地，尽力克服内心的紧张和恐惧。内心的冲突和身体的自然反应共同导致了身体发抖等生理状态的出现。

理解了这一点，我们就明白了这不是一个人独有的困境，我们就可以更加宽容地看待自己在紧张时刻的表现，并积极学习更加科学的方法来应对和调整这种紧张感。

忘不掉的"白色大象"

那我们应该用什么样的方式，帮助自己缓解紧张呢？

首先，我们要知道不能做什么。有句话是这样说的："情绪如潮，越堵越高。"很多人在紧张的时候，都会不断告诉自己"不要紧张"。但有效果吗？结果往往适得其反。

想象一下，如果现在我告诉你："请你闭上眼睛，你可以想任何一个物品，但是一定不要去想一头白色的大象。"试试看，你能做到吗？你会发现，这头白色的大象反而更加清晰地浮现在你的脑海中，挥之不去。这就是心理学上所说的"白象效应"。当你试图压抑或逃避某个想法时，它反而会在你的脑海中更加活跃。

因此，我们大多数人在面对自己的紧张情绪时，不断提醒自己"不要紧张"，其实就是在不断提醒自己"不要去想白色的大象"。结果可想而知，我们越是试图压抑紧张情绪，紧张情绪越是更加汹涌地袭来。

因此，想要缓解紧张情绪，让自己更加自信，更好的解决方法，不是"堵"，而是"疏"；不是"我不要……"，而是"我要……"。我们可以从以下三个方面着手。

1. 去除私意，拥有利他心态

很多时候，我们会紧张是因为我们太在意自己的得失。要克服紧张，就要让自己不过分在意自己。王阳明曾提出"去除私意"，是提醒我们不要太在意自己的得失，要更加注重自己的表现能不能给他人带来价值。如果我们在大众面前讲话时感到紧张，那就说明我们心中的"私意"旺盛，只想着自己会怎么样、能得到什么样的评价。

有一位著名主持人曾说："如果我们更加专注于分享这件事情本

身，知道今天讲的内容对听众来说有价值，他们会有收获，而且我们有强烈的想要去交流和感染别人的欲望，我们就会忘我，忘我就会投入，投入就会松弛。"这句话点出了缓解紧张、增强自信的关键：将焦点从自身转移到听众和分享的内容上。

因此，我们要"去除私意"，拥有利他心态。当我们将注意力集中在为听众带来价值上时，我们就能更加放松和自信地面对公众表达。记住，专注于分享，让听众受益，我们的紧张情绪自然会消退。

2. 高能量姿势，收获自信

哈佛大学的研究表明，一个简单的动作就能帮人缓解紧张，那就是高能量姿势。比如，两脚与肩同宽，挺胸抬头，两臂向上伸展或双手叉腰。这就是高能量姿势。如果我们保持这样的姿势两分钟，就能改变自己的激素状态，提升睾酮水平。睾酮是一种被称为"优势激素"的物质，它能让我们感受到掌控一切的王者之风；与此同时，我们的压力性激素，即皮质醇的水平则会下降，我们的敏感与焦虑程度也会随之下降，我们将更加冷静与从容。

这是我亲身实验多次、效果非常好的方法。在每次重要活动或大型演讲开始前，我都会去洗手间，或者找一个安静的角落，花上两分钟做这个高能量姿势。在这个过程中，我会感受到自己的身体逐渐充满力量，紧张水平也回到了可控范围内。

3. 放弃完美，弱化错误

最后，我们要学会放弃完美，弱化错误。对表达的恐惧往往源于对不完美的恐惧。我们总是追求完美，生怕犯错。在公众场合讲话时，一旦有个小磕绊，就整个人都慌了，然后越来越紧张。

其实，心理学上的仰巴脚效应告诉我们，适当地暴露出自己的一些小缺点，会让他人感觉更亲切。人们都对完美人格有敬畏之心，而适当暴露自己的缺点，能让他人与我们更亲近。所以，不妨放下对完美的执着，用更自然、更真实的态度去面对每一次的表达和挑战。

面对聚光灯效应带来的紧张与挑战，我们无须畏惧。通过理解其背后的心理学原理，采取正确的应对策略，我们不仅能够缓解紧张情绪，还能在表达的过程中找到自信与从容。记住，正向表达的力量源于内心的坚定与真诚。当我们以去除私意、利他心态为基石，借助高能量姿势收获自信，并学会放弃完美、弱化错误时，我们的每一次表达都将充满力量。这样的正向表达，不仅能够使我们在舞台上熠熠生辉，更能让我们在人生的每一个重要时刻，都能以最好的状态展现最真实的自己，赢得他人的支持。

第七节

自证陷阱：打破"越解释，越被动"的负面循环

　　职场女性娜娜聪明能干，但总是过于在意别人的评价，这成了她心中的一块石头。

　　有一天，公司的同事小丽在闲聊时提到："娜娜，你最近是不是手头紧啊？我看你都没怎么参加团队活动。"这句话像一根刺，扎进了娜娜的心里。她决定要想方设法证明"我并不穷"。于是，她开始积极参加公司内部的各种活动，即使是自己不想参加的活动；同时还开始频繁地在社交平台上晒出自己的精致生活和高端消费的照片，企图用这些来证明自己的经济实力。

　　然而，不久后，另一位同事小李又对她说："娜娜，你是不是胖了？最近伙食比较好吗？"这句话又让娜娜陷入了焦虑。她开始严格控制饮食，每天下班后还要去健身房锻炼，只为了向别人证明自己没有长胖。

但无论娜娜怎么做，总会有新的评价传来。她发现自己进入了一个循环，一直在努力迎合别人的期望和标准，却忽略了自己内心的真实感受和自己的生活质量。

随着时间的推移，娜娜感到越来越疲惫，内耗严重。她开始反思：为什么我总是要活在别人的评价里？为什么我要如此努力地向别人证明自己呢？

为什么容易掉进自证陷阱

在娜娜的故事里，我们看到了一位职场女性因为太在意别人的看法，掉入了自证陷阱。娜娜的案例并非个例，它反映了现代社会中的人们普遍面临的一种心理困境。我们总是试图通过别人的评价来证明自己的价值，却往往忽视了自己内心的声音和真正的需求。这种不断的自我证明，不仅浪费了我们大量的精力和时间，还让我们陷入了无尽的焦虑和内耗中。

那么，为什么我们会如此容易就掉进这个陷阱呢？

首先，社会对我们的期望确实很高，而且多元化。我们在职场需要成为成功人士，在家里需要成为好父母、好伴侣、好子女，在社交圈里还需要是活跃分子。这么多期望交织在一起，形成了一张巨大的网，让我们感觉自己被束缚住了。一旦我们觉得自己没达到这些期望，自我价值感就开始动摇。这时候，我们就容易掉进自证陷阱，试图通过证明自己的能力来回应社会的期望。

再来说说社交认同。作为社会性动物，我们都渴望得到别人的认可和接纳。在社交平台上和现实生活中，我们总是展示自己的成就、财富、外貌，期待得到别人的关注和赞美。这种对社交认同的追求，让我们在面对质疑和否定时变得更加敏感和脆弱。为了维护自己的社交形象和地位，我们可能会不停地自证，结果却让自己更加疲惫和焦虑。

最后，不得不提社会比较心理。在社交平台上，我们总是看到他人展示出的光鲜亮丽的一面，却往往忽略了他们背后的努力和挣扎。我们会将自己的真实生活和在网络上看到的别人光鲜亮丽的生活做对比，这种比较心理让我们更容易产生自我怀疑和不满。于是，我们就更加努力地想证明自己并不比别人差。然而，这种不断的自我证明往往只会让我们更加疲惫不堪。

社会期望、对社交认同的追求及社会比较心理，这三者就像三座大山一样压在我们身上，让我们一不小心就掉进自证陷阱。了解这些，有助于我们更加理性地看待他人的评价和自己的价值，从而逃出陷阱，获得内心的平和与自由。

被误送到精神病院，如何证明自己是正常人

那么，逃出自证陷阱最好的方式是什么呢？

先请你思考一个问题：如果你被误送到精神病院，你会如何证明自己是个正常人呢？

有这样一个故事：有三个正常人被误送进了精神病院。第一个人为了赶紧出去，极力想证明自己正常。他想，说真理总不会被当成精神病吧，于是他就不停地说"地球是圆的"。但当他说到第 14 遍的时候，护士就往他屁股上扎了一针。

第二个人说自己知道美国前总统克林顿、英国前首相布莱尔，但当他开始说南太平洋各岛国领袖的名字时，护士也往他身上扎了一针。他吓得再也不敢讲下去了。

至于第三个人，他进来之后，什么话也不说。到了该吃饭的时间就好好吃饭，到了该睡觉的时间就好好睡觉。当医护人员给他刮胡子的时候，他还会礼貌地对他们说谢谢。结果，第 28 天的时候，医生就让他出院了。

这个故事说明了什么呢？它告诉我们，一个人想证明自己，其实是非常困难的。你的友好，在不熟悉你的人面前可能成了伪善；你的活泼，在不喜欢你的人面前可能成了轻浮；你的努力，在不认可你的人面前可能成了装腔作势。人生中的某些时刻，你再怎么用力证明自己，可能也无法得到认同。

作家尼尔·唐纳德·沃尔什曾说过："只要你还在担心别人会怎么看你，他们就能奴役你。你只有再也不用从自身之外寻求肯定，才能成为自己的主人。"

所以，逃出自证陷阱最好的方式是什么呢？答案是沉默。与其费尽心力向别人证明自己，不如在自己的世界里修身养性。记住，不试图证明自己的人，才是聪明人。

沉默，也是一种正向表达

要逃出自证陷阱，实现真正的正向表达，我们需要学会一种特别的"沉默"。这种沉默不是逃避或无视，它代表了一种深植于内心的底气和自信。我们的价值和能力不是靠口舌之争来定义的，而是通过自己的行动和成果来彰显的。

就像梵高一样，他面对无数的质疑和否定，却选择了用自己的画笔来回应。他没有陷入无休止的辩解和自证中，而是用一幅又一幅的作品来说话。这种选择"沉默"的底气，正是来源于他对艺术追求的坚定信念和对自我价值的深刻认知。

在日常生活中，当我们面对质疑和挑战时，也可以选择这种特别的"沉默"。我们不需要对每一种质疑都做出回应，因为我们的行动和成果，就是最好的证明。当我们专注于自我成长、不断提升自己的时候，我们会发现，那些无谓的评价和质疑，其实根本无法动摇我们内心的坚定。

因此，想要逃出自证陷阱，实现正向表达，就要学会这种特别的"沉默"。它不是逃避，而是一种更有力量的表达方式。我们不需要去说服每一个人，只需要坚持走自己的路，用自己的行动和成果来说话。这样，我们才能真正走出内耗，获得自由和成长。

第三章

五种表达力：成为高情商沟通高手

高情商不是曲意逢迎，而是用对方法精准表达。本章提炼的五项核心技能将助你摆脱"不会说话"的困扰。无论是汇报工作还是维系感情，这些技能都可以让你的表达"掷地有声"。

第一节

会倾听：一把打开人心的钥匙

周末傍晚，苏晴坐在公园长椅上，手中紧握着手机，眉头紧锁，显得有些焦虑。

一位正在散步的老人注意到了苏晴的异样。他轻声问道："姑娘，你看起来有些心事，愿意和我聊聊吗？"

苏晴抬头，看到老人慈祥的面容，心中涌起一股莫名的信任感。她犹豫片刻，点了点头。她邀请老人坐在自己身边，开始讲述自己的烦恼。

原来，苏晴最近在工作中遇到了一些挫折，项目进度受阻，受到了领导的责骂，导致她没有动力继续积极工作。她心情很不好，不知道该如何排解这样的坏情绪。

老人静静地听着，没有打断她，也没有急于给出建议。他只是偶尔点点头，不时轻声地说一句"我明白"，让苏晴感受到他的倾听和理解。

讲着讲着，苏晴的心情逐渐变得舒畅。她发现，在讲述的过程中，自己其实已经找到了一些问题的症结所在，并且对接下来该怎么做也有了一些想法。而老人的倾听，更是给她带来了力量。

这一刻，苏晴突然意识到，原来自己需要的并不是他人给出建议或解决方案，而是他人的倾听和理解。这种倾听和理解，就像一把钥匙，让自己打开心门，感受到被关心和被支持，从而使自己更有底气和能量去面对问题、解决问题。

放下自我，学会倾听

从苏晴和老人的故事中，我们能意识到：其实，所谓沟通，不仅在于"如何说"，更在于"如何听"。我们常常以为，只要口才好就能掌握沟通的主动权，其实不然。真正的沟通高手，往往是那些懂得倾听的人。古希腊先哲曾说："我们生来有两个耳朵，却只有一个嘴巴。"这句话道出了一个简单却深刻的道理：倾听比诉说更重要。

这一点，我相信很多朋友深有体会。有的人"妙语连珠"，我们却觉得他虚伪；有的人"能言善辩"，我们却觉得他聒噪。为什么他们拥有好口才，却不得人心呢？就是因为他们在该"听"的时候，选择了"说"；在该"理解他人"的时候，选择了"表达自我"。所以，我们要记住，好口才并不等于高情商，听得好才能说得好。

可现实是，我们常常陷入"假听"的泥潭，表面在听，心里却在盘算怎么回应。比如，当你心事重重，找朋友倾诉时，如果对方一直在打断你，急着给建议，你是不是也会觉得沮丧、失望？相反，如果对方耐心倾听，让你畅所欲言，你是不是会感到被理解和被支持，愿意分享更多呢？

这就是很多女性觉得伴侣不理解自己的原因。很多时候，男性更倾向于发表观点，直接给解决方案，而不是耐心倾听。这种沟通方式，容易让对方觉得自己不被理解和不被支持。人们更希望自己的伴侣是一个能静下心来倾听、让自己感到被接纳和被理解的人。

倾听的关键是放下自我，多站在对方的角度考虑问题。怎么放下自我呢？就是暂时忘记自己的观点、情绪，全心全意地感受对方的话。就像毛姆所说："你要克服的是你的虚荣心，是你的炫耀欲，你要对付的是你时刻想要出风头的小聪明。"真正的倾听，需要我们全身心投入，感受对方的情绪，理解对方的需求。这样，沟通才能更深入、更有效。

如何听懂对方的弦外之音

那么，如何听懂对方的弦外之音呢？

当我们愿意放下自我、真心倾听时，就已经迈出了良好沟通的第一步。但倾听也不容易，因为很多时候，人们不会直接说出心里话，而是通过微妙的言辞、语气，甚至沉默来进行表达。那怎么做才能更深入地倾听、理解对方的弦外之音呢？这里有个实用的方法——3F 倾听模型。它包括听事实（fact）、听情绪（feel）和听意图（focus）三步，能帮我们更好地倾听、理解和回应。

首先，听事实，就是捕捉对方话语中的具体信息。比如，对方谈工作挑战时，我们要深入探究问题的细节和背景。

其次，听情绪，就是感知对方的内心状态。留意对方的语气、用词，这些都能透露情绪。比如，对方语调低沉，可能表示失落或沮丧。

最后，听意图，就是解读对方的真实目的。通过结合前两步获得的信息，推测对方的意图，并给出恰当回应。比如，对方对工作不满，可能希望得到理解、支持或解决方案。

想象一下，你的下属对你说："我不想干了。"这时，你可以用3F 倾听模型来解析他的真实意图。

首先，听事实。下属说"不想干了"，不一定是字面意义上的不想继续工作了。他可能正面临一些具体的问题或挑战，如工作压力过大、缺乏支持、激励不足或感到不公平等。你需要深入了解这些问题或挑战，以便更准确地把握下属的实际困境。

接下来，听情绪。当下属说出这句话时，他可能感到沮丧、失望、倦怠或愤怒。这些情绪背后可能隐藏着他对工作环境、待遇等方面的不满。作为上级，你需要敏锐地捕捉到这些情绪，并尝试理解下属的真实感受。

最后，听意图。下属的这句话可能隐藏着多种意图。他可能是在寻求更多的资源、支持或鼓励，也可能是心怀对加薪或增加物质激励的期望，或者可能只是想要吐槽一下心中的不满。作为上级，你需要通过综合事实信息和下属的情绪来推测其真实意图，并据此给出恰当的回应。

例如，你可以这样回应："我注意到你最近可能遇到了一些困扰，能和我具体说说吗？是工作压力太大，还是有什么其他的问题？我想了解你的真实想法和遇到的问题，看看我们能否一起找到解决方案。"这样的回应不仅表达了你对员工困境的关心和理解，还展示了你愿意提供帮助和支持的态度。

这就是 3F 倾听模型的魅力，它不仅是一种方法，更是一种人际交往的艺术。无论在哪里，运用这一模型都能让我们更敏锐地捕捉和理解对方的情绪，与他人建立更紧密、真诚的人际关系。

同频思维，成为受欢迎的倾听者

要成为受欢迎的倾听者，同频思维也很重要。简单来说，同频思维就是和对方在同一个频道上思考问题，产生共鸣和共振。那如何实现同频倾听呢？它分为三层：身体倾听、理性倾听和感性倾听。

第一层，学会身体倾听，通过肢体语言来传达出我们的专注与尊重。当我们身体前倾，目光专注地注视着对方时，我们便传递出了一种"我在认真听"的信号。我们应避免在交流过程中分心，比如看手机、看手表或四处张望，这些行为都会让对方觉得我们对谈话的内容不感兴趣。有研究表明，两个人在交谈时，如果将手机拿在手上，谈话的质量就会下降很多。想象一下，和对方交谈时，如果我们时不时去查看手机，对方会怎么想？相反，全神贯注地注视对方，给予积极回应，能够表达我们的重视。

所以，从很多年前开始，我就养成了一个习惯，跟朋友一起聊天时，手机一般都放在包里，或者屏幕朝下放在桌子上。特别是只有我和朋友两个人聊天的时候，我几乎不会看手机，有信息也等去洗手间的时候再回。这个习惯，让我和朋友相处时特别愉快，聊天质量也高，双方的感受也都特别好。

除此之外，人们在交谈时，容易对与自己做相似动作的人产生好感。因此，一个有效的技巧是，我们可以尝试不着痕迹地模仿对方的动作。比如，对方托腮思考时，我们也可以支起胳膊，做出类似的思考姿势；对方后仰放松时，我们也可以微微靠向椅背，展现出同样的放松状态。这样的模仿动作能够帮助我们迅速建立起与对方的联系，在无形中拉近与对方的距离，让对方在不知不觉中感受到我们与其频率是相同的。

这是我之前做主持人采访嘉宾时经常采取的策略，能够快速地让嘉宾放松下来，进入状态，并且拉近和嘉宾的距离。

第二层，学会理性倾听，即运用大脑去聆听。理性倾听的关键在于理解对方想要表达的核心内容。如果对方表达得不够清晰，我们可以帮他一起整理思绪，明确他想要传达的内容，深入挖掘他真正的意图和期望达成的目标。

而且，在倾听的过程中，我们要克制立即给出评价的冲动，而是采取"复述"的策略。一个有效的技巧是，有意识地重复对方话语的后半部分，这样的做法能让对方感受到我们的同频与理解。例如，当对方说"今天天气很凉爽"时，我们可以回应："没错，确实很凉爽。"又如，对方说"昨天周末，陪孩子去海边玩，虽然很热，但还挺开心的"，我们则可以回应："是呀，能陪孩子很不容易，确实很开心、很幸福。"如此，通过复述对方话语，我们就可以让对方真切地感受到我们的倾听与理解。

第三层，学会感性倾听。这一层要求我们不仅要能理解对方的话语和意图，还要能感知到对方的情绪。在倾听过程中，我们要敏锐地捕捉对方的情绪变化，尤其是隐藏在话语背后的细微情绪。当对方分享自己的困扰或喜悦时，我们要能够感同身受，理解对方的喜怒哀乐。比如，当爱人讲述与同事的争执时，我们可以表达出对他气愤的理解；当孩子不小心摔倒时，我们可以表达出对他疼痛的同情。通过感性倾听，我们能够让对方感受到关心和支持，从而与其建立起更深厚的情感联系。

总的来说，同频思维在倾听中的运用有助于我们更好地理解对方并与对方建立更紧密的联系，从而更有效地沟通。通过身体、理性和感性三个层面的倾听，我们能够更全面地把握对方的话语和情绪，从而进行更加深入和有效的交流。

　　会倾听，不仅是一把开启人心的钥匙，更是一把开启人生坦途的钥匙。当我们以一颗真诚的心去倾听他人时，我们的回应自然而然地就会充满了理解和支持。这样的正向表达，不仅能够进一步加深人与人之间的联系，更能构建起一个充满爱与支持的正向沟通环境。

第二节

会赞美：让你成为受欢迎的存在

在一家充满活力的创新科技公司里，有两位新来的大学毕业生，小赵和小孙。他们被分配到了同一个项目团队，在那里开始了自己的职业生涯。

小赵是个性格开朗的小伙子，他总是带着阳光般的笑容。每当团队成员完成一项任务或提出一个创新点时，他总是能及时给予真诚的赞美。比如，有一次设计部的同事熬夜制作出了一个精美的产品原型，小赵看到后，眼睛一亮，立刻走过去说："哇，这个设计真是太棒了！特别是这个交互细节，简直让用户体验瞬间提升了好几个档次。你真是太有才了！"这样的赞美让设计部的同事心里暖洋洋的，感觉自己付出的努力得到了回报。

而小孙呢，他是个内敛的孩子，即使心里有对同事工作的认可和欣赏，也总是羞于表达。他总认为，做好自己的工作就是对团队最大的贡献，赞美别人显得有些多余。所以，即使面对团队伙伴出色的工作成果，小孙也只是默默地点点头，很少开口称赞。

日子一天天过去，小赵因为擅长赞美，不仅与团队成员建立了良好的关系，还经常被邀请参与更多的跨部门合作项目。他的意见和建议总能得到大家的重视。大家普遍认为，小赵不仅有能力，还懂得欣赏他人，是一个能够提升团队凝聚力的宝藏成员。

相比之下，小孙虽然工作同样努力，但由于平时较少表达对他人的赞赏，渐渐给人一种"高冷"或"难以接近"的印象。因此，当出现一些需要团队合作的机会时，公司往往先考虑小赵，而小孙则更多地被安排在较为独立的岗位上。

有一次，公司决定启动一个新项目，需要挑选一名团队成员作为项目负责人。这个机会对于每个团队成员来说都是一次重要的晋升机遇。小赵和小孙都对这个项目充满了兴趣，并且他们都有足够的能力胜任这个职位。

在团队讨论和投票时，小赵因为平时与团队成员关系良好，得到了大家的一致认可和支持。大家认为他不仅有能力，而且懂得如何激励和团结团队，是最佳的项目负责人人选。而小孙，尽管他在工作中表现出色，但在投票时，他并没有得到像小赵那样的广泛支持。最终，这个机会落在了小赵的头上，而小孙则只能继续留在原有的岗位上。

这次经历让小孙深感失落，他开始意识到，在职场上，除了专业技能，人际关系和团队合作同样重要。于是，他想要提升自己，不再羞于表达，要学会更多地赞美他人，更好地与团队成员沟通和合作。

你喜欢和欣赏你的人一起工作吗

从这个故事中，我们可以看出，赞美在职场中着实有着不可忽视的力量。合适的赞美不仅能够增进同事间的友谊，还能为自己赢得更多的机会和好评。毕竟，谁会不喜欢和懂得欣赏自己的人一起工作呢？

在生活中，同样如此。然而，在实际生活中，很多人对夸赞别人这件事感到困扰。很大一部分原因是，他们觉得夸赞别人很假、很尴尬。小孙也是其中一员。确实，如果夸赞的方式不当，很容易给别人留下虚伪的印象。不过，如果我们能从真诚出发，运用合适的夸赞技巧，别人是完全能接受我们的赞美的。

想象一下，当我们真心实意地夸赞别人时，对方感受到了我们的善意和认可，这无疑会让他们非常开心。这样的夸赞不仅能拉近人与人之间的距离，还能增强对方的自信心，带来许多积极的影响。因此，真诚而恰当地夸赞他人真的是一项非常值得我们去掌握的技能。

那么，怎么夸赞才能既真诚又恰当呢?

技巧一：基于你的专业、特长去赞美

如果从自己的专业角度去赞美别人，那你的赞美就会更真诚且有说服力。

拿我自己来举例。由于我之前有多年做主持人的经历，身边人觉得我擅长镜头前的语言表达，认为我是这个领域的专家。有一次，一位在报社工作的编辑朋友因为单位转型，尝试制作了一期视频访谈节目。她特意找到我，希望我能给她一些改进的建议。

在给出建议之前，我先对她在节目中的优点进行了一番夸赞。我告诉她，她的表达逻辑非常清晰，形象状态也很好，给人一种既专业又亲切的感觉。接着，我才提出一些建议，比如语速可以稍微放慢一些，眼神可以和镜头多一些互动，这样能让观众感受到更多的情感连接。最后，我再次夸赞她的整体表现，强调她已经做得非常好了，如果能在一些小细节上稍作调整，就能让节目更加出色。

虽然对方询问的是我的建议，但实际我在给出建议的同时，也不吝惜自己的夸赞。这样，她不仅能虚心接纳我的建议，而且听到我的夸赞也非常开心，对自己能胜任转型工作有了更多信心。

这样的夸赞因为基于我的专业背景，所以听起来就特别真诚，让人信服。那么，思考一下，你是不是也可以基于自己的专业或是特长来夸赞别人呢？

比如，如果你是一位摄影师，看到朋友拍的照片很棒，你可以说："你这张照片的构图和光影都挺棒的，看起来很有感觉呢！"这样的夸赞，因为结合了你的专业知识和经验，所以听起来会更加真实和有力，对方也会因此感到更加开心和受到鼓舞。所以，不妨多试试基于自己的专业、特长来夸赞别人，你会发现这样的夸赞更加有说服力和影响力。

技巧二：注意细节，让人感受到你的用心

赞美他人的时候，如果能注意到一些小细节，从细节处去夸，那就更能显出你的用心。

比如，朋友聚会时，你看到朋友戴了新耳环，就可以说："你的耳环真好看！特别是这个小吊坠，设计得挺独特的，跟你的气质特别搭。我刚才一进门就注意到了，真是让人眼前一亮啊！"这样说，朋友肯定觉得你很细心，很真诚，比泛泛地夸赞"你真漂亮"好太多了。而且这样的夸赞能够让对方记忆很久、开心很久。

我自己就有过这样的经历。很多年前，我在央视一套的《正大综艺》做外景主持人。记得第一次见到制片人王雪纯老师的时候，我和她聊了一会儿，然后她突然说我那天戴的胸针特别好看，寓意也很好。我有些出乎意料，因为那天我只是因为衣服颜色有点儿素，出门前随手搭了个绿凤凰胸针。这么多年过去了，我还记得我和她

初次见面时听到的小小夸赞，每次看到那枚胸针，我都会想起她。其实之前我也没有仔细想过，为什么看似如此简单的一句夸赞会让我记这么久，现在想来才明白，是因为这个夸赞很具体、注意小细节且出人意料，所以才让我印象深刻。

技巧三：发现变化，及时表达认可

当一个人有变化时，无论是外表还是内在，都是我们可以赞美的地方。

比如，你发现同事最近开始健身，身材变得更好了，就可以说："你最近状态太好了！是不是开始健身了？太自律了，我要向你学习！"

再比如，你发现同事今天换了一个新的发型，就可以说："你今天这个发型真不错！看起来挺精神的，而且这个发色也挺适合你，显得你的皮肤更白了，整个人更有气质了！"

为什么要夸变化呢？因为每个人都有"被关注"和"被认可"的需求，人们渴望得到他人的关注和认可。尤其是当人们认为自己近期有积极变化的时候，他们是很期待他人能够发现并且给予正向反馈的。这就是为什么有很多人喜欢问自己的朋友或伴侣："你发现我今天有什么不同了吗？"

所以，每次见许久未见的朋友时，我都会留心观察一下他们有什么积极的变化，并且在第一时间给予夸赞。这会让朋友非常开心，甚至有些朋友会眼睛里亮晶晶地、开心地多次确认："真的吗？是这样吗？"这会让我们在接下来的相处时间里，能量变得很充沛、很正向，屡试不爽！

技巧四：请教式赞美，满足他人的表达欲

高级的赞美，往往都是以请教的方式出现的。请教式的夸赞，特别适合在和领导、长辈、前辈的沟通中使用。因为那些有所成就的人听过的夸赞实在太多了，所以泛泛的夸奖，或者直截了当的夸奖，都很难再让他们的内心有波澜。而请教，就是一种很好的夸奖方式。在马斯洛需求层次理论模型中，排在最高位的就是自我实现需求，因此成功人士或者某个领域的"过来人"，普遍都有很强的表达欲。

比如，我之前和一个上市公司的董事长座谈。初次见面时，我想要夸赞他，但是觉得不能"按常理出牌"。因为他平时能够听到太多直接的夸赞，比如企业多么成功、个人多么出色。我细想便知，他能把公司从零做到上市，而且股价还一直涨，他成不成功已经不需要我来评价，这样的夸赞必然会沦为客套话。

因此，我当时说："我学习了您上个月在网上发布的公开课，收获太大了。您提到企业成功经营的关键在于人才培养，我特别赞同。这次来访我也观察到了，您的团队中真的都是精兵强将。您能跟我们分享一下，您平时是怎么培养人才的吗？"

其实我也是在夸，但我把夸的方式变成了针对具体问题的请教，于是那位董事长便能借此机会侃侃而谈。这样一来一回，既避免了无话可说的尴尬，又满足了他的表达欲。你想，如果对方能把你当成学生，给你分享成功经验，那对你印象好自然也在情理之中。

所以，如果你想要赞美领导、长辈、前辈，不妨试试请教式赞美。这种请教式赞美，让你在向他们学习的同时，也为对方提供了情绪价值，对方对你的好感度自然会大大提升。

技巧五：用行动来赞美，让对方"受宠若惊"

赞美不仅仅局限于口头表达，还可以通过肢体语言来展现。这个技巧尤其适合用于夸赞那些职位比你低的人，比如你的下属。当他们在分享他们的想法、工作进展或是提出新建议时，你可以通过一些细微的动作来表达你的认同和赞美。

比如，身体前倾，展现出你全神贯注的姿态；适时地点头，表示你对他们话语的认同。特别值得一提的是，你可以拿起笔认真记录，甚至在关键点上做些标注，这一举动能够触动他们的心弦，让他们有"受宠若惊"的感觉。

我就有过类似的经历。在读工商管理硕士期间，我有幸参与了一个与广受好评的国货品牌薇诺娜合作的项目，负责为他们的营销策略出谋划策。当时，我们四人团队与薇诺娜的董事长郭振宇博士进行了一次会面。当我正在阐述自己的想法和建议时，他出乎意料地拿出了一个笔记本，开始认真记录。这个简单的举动深深地触动了我。因为在我看来，做笔记记录通常是下属听上级、学生听老师、后辈听前辈讲话时的常见动作，他作为行业前辈，本无须如此。这种反差的行为，让我获得了很强的价值感，因此，在那个项目中，我充满了热情和动力，全身心地投入其中。

当然，跳出我个人的视角来看，这个记笔记的举动有可能是出于郭博士的个人修养，不一定代表我当时讲的内容多么有价值。但它在当时的确极大地调动了我的积极性，为这次合作带来了正向的作用。

所以，在开会的时候，面对下属发言出彩的部分，你也可以做一下记录。这会在展现你的认同和赞美的同时，让对方感受到你的真诚和重视，从而更加积极地投入到工作中。

赞美不仅仅是为了让别人感到开心，更是一种正向表达的艺术，它能够激发人们的积极性和创造力，促进人际关系和谐发展。无论采用哪种赞美技巧，都是为了让我们的赞美更加真诚、有力，从而达到更好的沟通效果。

因此，不要吝啬你的赞美之词，用心去发现他人的优点和成就，用正向的表达方式传递你的欣赏和认可，你会发现，这不仅能让别人感到温暖和受到鼓舞，也能让自己收获更多的喜悦和成就感。学会赞美，让生活充满正能量！

第三节

会拒绝：勇敢说"不"的技巧

周末的午后，小双正坐在窗边，享受着难得的闲暇时光。她打算用这个周末先把手头没有处理完的工作完成，然后好好整理一下房间，再去看一场心仪已久的电影。就在这时，手机铃声突然响起，是同事小朋打来的。

"小双，你知道吗？我刚接手了一个新项目，时间紧迫，任务繁重。"小朋的声音异常兴奋。"我听说你在××方面很有经验，能不能为了我加个班，一起把这个项目搞定？"

小双心里咯噔一下，她想到自己手头的工作还未完成，周末的计划也会因为这个突如其来的请求而泡汤。她犹豫了一下，决定拒绝这个请求。

"小朋，我也很想帮你，但是，我这个周末真的有一些事情要处理，可能无法加班。"小双尽量让自己的声音听起来平和而真诚。"你能不能找其他人帮忙呢？"

小朋的声音立刻变得冷淡起来："小双，我平时对你也不错啊，你怎么能这样对我呢？这个项目对我来说真的很重要，你帮个忙都不行吗？"

小双感到一阵无奈，她并不想让小朋生气，更不想因此影响同事之间的关系。毕竟，他们之后还要天天在一起工作。想到这里，小双动摇了，她不想因为自己的拒绝而让小朋对她产生不满。

"好吧，小朋，我尽量帮你。"小双最终还是勉强答应了下来。"但是这个周末我本来有一些计划的，可能需要调整一下。"

小朋的声音立刻变得兴奋起来："太好了，小双，我就知道你会帮我的，谢谢你！"

小双挂断电话后，心里五味杂陈。想要拒绝掉本就不属于自己的工作，为什么却感觉像是做错了事情呢？

在帮小朋工作的过程中，小双心里充满了苦恼。回想起过去的种种经历，小双发现自己总是因为不好意思拒绝，而揽下了许多不属于自己的工作。她明明有自己的计划和安排，却总是因为别人的请求而打乱。这次，她又因为小朋的一个电话，牺牲了自己的周末时光。

她开始反思，是不是自己平时太好说话了，才让这么多同事经常找她做这些不属于她的工作。想到这里，小双感到一阵疲惫和无奈。她开始意识到，学会拒绝是多么重要的一件事情。

事事说"好"，并不能换来别人的善意

看到这个故事，有些朋友可能会心生感慨："这不就是我吗？"如果你也有和小双一样的困扰，那就说明你在"拒绝"这个课题上需要提升。

在日常生活中，我们时常面临各种请求。无论是来自同事、朋友还是家人，这些请求往往都会让我们的时间、精力和情感面临挑战。面对这些请求，我们往往感到难以拒绝，担心拒绝会损害关系或被视为不友善。然而，事事应允并不能换来别人的善意，反而可能会让我们陷入无尽的忙碌和疲惫之中。

前段时间，一位朋友来找我，满脸愁容地诉说着他的困境。他坦言，自己因为不擅长拒绝他人，导致工作频频受阻，无法按时完成。原本他应为客户准备提案、撰写宣发文案，然而时间已悄然流逝，他的工作却迟迟未见成果。领导的责问如影随形，客户也在焦急等待。他无奈地表示，这个方案实在难撰写，需要心无旁骛才能完成。然而，在工作过程中，他不断被同事打扰，一会儿要销售数据，一会儿又要解答疑问，一会儿又被拉去开会。待他一一回应完这些需求，一天的时间已然溜走。他对此感到无比崩溃。

我听后，不禁问他："为何你不直接拒绝呢？"他犹豫地说："那不太好吧？我不太好意思。"这句话，让我深有共鸣。我们是否也常常陷入这样的困境？自己手上还有许多件事没有做完，但别人却似乎视而不见，紧追不舍地冲到你的工位上，让你做这个做那个。而你因为不好意思拒绝，只能勉强应承下来，最终导致自己的工作无法按时完成。

这样的情境，在生活中屡见不鲜。我们因为不擅长拒绝，而让自己的生活和工作变得一团糟。

因此，我们需要认识到，每个人都有自己的生活和责任。"帮助他人"这件事应该是在自己力所能及且不损害自身利益的前提下进行的。如果我们总是无条件地答应他人的请求，不仅会牺牲掉个人的时间和计划，还可能因此过度劳累，错过与家人、朋友的相处时光。而这样的付出，也往往并不能得到他人的真正尊重和感激。

学会拒绝，是一种不可或缺的人生智慧。拒绝并不意味着我们不友善或不合作，而是表明我们尊重自己的感受和需求，愿意为自己的生活负责。学会委婉而坚定地表达自己的立场，不仅能够让我们保护好自己的边界，还能让周围的人更加尊重我们的时间和决定。

当然，学会拒绝并不是一件容易的事情。它需要我们具备足够的自信和勇气，去面对可能的不理解和反感。但只要我们坚持自己的原则，用恰当的方式表达自己的立场，我们就会发现，拒绝并不会带来关系的破裂，反而能够让关系更加健康。

高情商拒绝的艺术：掌握"认可＋苦衷＋出路"公式

面对不想做的事，如何既能保护自己，又不让他人感到受伤呢？我有一个实用的公式提供给你：认可＋苦衷＋出路。

首先，认可对方的需求是正当的，表达你的理解和愿意帮助的态度；然后，坦诚地说明自己的难处，因为客观原因无法给予帮助；最后，为对方提供一个解决问题的出路，比如建议他找谁帮忙。这样的拒绝方式既留有余地，又能维护关系、顾及面子。

比如在饭桌上，老同学请求合作，但你不太想参与，可以这样回应："我确实挺看好这个赛道的，也很想跟你合作（认可）。不过，现在我资金上有点儿周转不开（苦衷）。我听说老同学老李正在找这方面的合作，要不你问问他（出路）？"这样的表达既没有驳对方面子，又委婉地拒绝了。

再比如，同事让你帮忙找客户，你觉得太麻烦，可以这样拒绝："我觉得你的产品和想法都很好（认可）。但是我最近工作真的很忙，不好意思，不能帮你找客户（苦衷）。不过，我可以帮你发朋友圈问问看（出路）。"这样既帮了同事一把，又不会让自己太辛苦。

这样一来，我们既能够有效保护自己，避免不必要的困扰，又能维护良好的人际关系，让彼此都感到舒适。

领导安排不合理任务，怎么拒绝

在掌握了"认可 + 苦衷 + 出路"的高情商拒绝公式后，我们可以用它应对大部分日常生活中的情况。那么接下来，我们再来讨论一种更为棘手的情况：被领导安排不合理任务，该如何应对呢？

下面两个选项，你会如何选择：A，默默忍受，继续工作；B，果断拒绝。我相信在真实的职场中，大部分人会选 A，然后悄悄吐槽。当然，也会有少部分人选 B，但是我们也都知道 B 做法并不是长久之计，要么领导那关过不了，要么自己心里那关过不了。

我的自媒体账号曾收到过一个粉丝私信诉苦的消息。他说自己在几次拒绝领导的要求后，领导开始无视他，去找别人做了，这让他感到慌张，感觉自己职位不保。

所以，其实 A 和 B 都不是最佳做法。那么，有没有 C 选项呢？

当然有，你只需要换一种思路：最好的"拒绝"，往往是加个条件再接受。其实，善于拒绝的人，往往是善于"开条件"的人。

所以，面对领导的不合理要求，你可以这样回应："没问题，领导！可是您看，我手上已经有这么多工作了，要保证工作质量和进度的话，我希望您能派给我两个帮手，可以吗？"这样的回应既表达了你的困境，又通过"开条件"提出了解决方案，领导也更容易接受。

为什么要这样说呢？因为很多看似不合理的任务，其实只是

"缺乏条件"完成，而非"不可能"完成，可能是时间、人手不足导致任务难以完成。所以，当你想拒绝时，不妨换个角度思考：如果接受这个任务，需要额外增加什么条件？然后，以接受任务为筹码，换取更多资源。

比起直接拒绝，这种方式能让领导看到你想解决问题的态度。你提出的条件实际上是在拒绝领导"又要马儿跑，又要马儿不吃草"的想法。而一旦你提出"要完成这个任务，我需要……"，在领导眼中，你就是一个积极的、想帮公司解决问题的好员工。

为了让工作更顺利，领导会考虑提供更多资源或重新安排。当然，也有些领导只愿给任务，不愿给资源。这时，除了争取预算和人力资源，你还可以考虑置换时间资源。比如，领导紧急交给你一项任务，规定三天完成。你可以借机跟领导置换时间资源，表明乐意接受任务，但为保证质量需推延其他任务的截止时间。若事情真紧急，领导通常会答应这个要求，甚至增派人手帮你。

结果是，你的工作总量不一定增加，但你在领导眼中的印象分已大大提升。事实上，最初就一口回绝并不会让后续的工作更轻松。反倒是通过置换获得资源，能让你既完成任务又给领导留下好印象。

因此，高情商的拒绝，并非仅仅为了减轻自身的压力和负担，它更是一种正向表达的能力的体现。它使我们能够坦诚地说出自己的界限和需求，同时它也使我们展现出积极寻找解决方案、为实现目标而努力的态度。依靠高情商的拒绝，我们不仅能够更好地保护自己，还能在维护和谐人际关系的同时赢得他人的尊重和理解。学会拒绝，就是学会在尊重自己的同时也尊重他人。这样的正向表达，无疑是一种人生智慧。

第四节

会说服：让人心服口服的秘诀

在一个阳光明媚的午后，小周和小张在公司的休息区聊天。小周看着小张健硕的身材，不禁叹了口气说："唉，我最近又胖了，好羡慕你的身材，能锻炼得这么好。"

小张自信地回应："那当然了，锻炼可是要持之以恒的。你为什么不试试晨跑呢？早起半小时，慢跑一下，跑完精神会更好。"

小周皱了皱眉："我体力不行，跑不了多久就会很累……"

小张有些不屑："体力是练出来的，只要持之以恒，就会越跑越轻松。你就是懒，你刚开始可以试着先跑几百米，逐渐增加距离和时间。"

小周还是有些犹豫："算了吧，我从没慢跑过，连双合适的鞋子都没有……"

　　小张打断了他："那都不是问题，我可以带你去买一双专业的跑鞋，咱们明天下午就去商场挑。"

　　然而，小周还是婉拒了："我看还是以后有机会再说吧……最近工作太忙了，我可能抽不出时间。"

　　这次对话后，小张感到很困惑。他想不通，为什么自己这么热心地给小周提建议，小周却不接受呢？自己这么有经验，这么懂锻炼的好处，为什么小周就是不听呢？

"我都是为了你好，你怎么就听不进去呢"

　　上面这段对话，你有没有觉得很熟悉？其实，这就是最典型的说教场景。说教的一方喜欢用"为什么你不……"的表达方式，用一种近乎指责的语气，督促对方去做某件事；然而被说教的那一方则不断丢出各种借口，拒绝做出改变。

　　这种场景在日常生活中比比皆是：子女为了父亲的身体健康，劝他戒烟；女朋友为了伴侣的事业着想，让他收敛一下坏脾气；妈妈担心儿子的课业，让他少打游戏……但往往一不小心，对话就会进入说教模式。

　　"你为什么就不能戒烟呢？"

　　"你为什么就不能收敛一下脾气呢？"

　　"你为什么就不能好好学习呢？"

　　然而，这些好心的劝诫，不仅没有作用，反而激起了对方的防卫和逆反心理。于是，说教的一方不禁觉得气恼："我都是为了你好，你怎么就听不进去呢？"

其实，问题的关键在于，我们虽然心怀善意，却没能采用正确的方式去表达。我们的话语，虽然出于关心，却可能给对方带来了压力，让他们感到被指责，从而产生了防卫和逆反心理。

因此，在说服他人的时候，我们首先要明确一点：想要有好的沟通氛围，就不能让对方产生防卫和逆反心理。否则，大家心里都举着盾牌，随时准备为自己辩护，很难实现真正的有效沟通。

那怎么说话才不会让人产生防卫和逆反心理呢？关键点在于消除"被说服了"的不适感。

很多人在说服他人时，往往过于关注说服本身，享受那种"赢"的感觉，却忽视了对方的感受。这种做法会给对方带来很不好的体验，也是对方产生防卫和逆反心理的根源。因此，我们要让对方感受到，我们的建议并非要强迫他们，而是出于对他们的关心和理解。我们要弱化对方"输"的感觉，消除他们"被说服了"的不适感。只有这样，我们才能不激起对方的防卫和逆反心理，实现有效的沟通。

那么，我们该如何有效地说服他人呢？

技巧一：运用外部依据，让说服力倍增

当你试图说服他人时，特别是面对固执己见或难以被说服的对

象时，引用外部依据往往比单纯依靠个人观点更有说服力。这些依据可以是专家的观点、行业的数据、用户的评价等。通过借助权威的资料，你可以让对方更容易接受你的观点。

比如，当你想说服领导改变一个看似错误的决策时，可以准备一些行业报告、专家分析或类似项目的案例作为支持。你可以说："领导，我们通过调研了解到，与我们这个项目类似的项目在其他公司已经被验证失败了。根据最近的行业报告和专家分析，我认为这个决策可能会带来一些潜在的风险。您看，咱们是不是再重新评估一下方向呢？"

这样一来，领导就算最后改变了决策，也会觉得是自己根据这些信息做出的判断，而不是被你说服的。

技巧二：创造共同压力，改变双方立场

在面对与自己意见相左的人时，创造需要共同面对的压力或挑战，可以改变双方立场，拉近双方的距离，使说服更加容易。塑造一个共同的"敌人"，可以使对方感到你和他是站在同一战线上的。

比如，当你想说服领导取消一个可能导致预算超支的集体出游计划时，可以说："领导，大家都非常期待这次出游，您这个安排太好了。不过，我也注意到最近财务部对预算的审核非常严格，如果我们超支，可能会给部门带来一些不必要的麻烦。我们怎么办呢？"

如此，通过塑造"财务部"这个共同的"敌人"，把直接提出反

对意见转变为因为外界的压力而"不得不"希望领导重新思考决策，领导也会觉得你是和他一起解决问题的"战友"。

技巧三：站在对方角度，提出共赢方案

在说服他人时，优先站在对方的角度考虑问题，提出符合对方利益的共赢方案，往往更容易获得对方的支持。这样不仅能满足对方的需求，还能助你实现目标。

比如，当你在餐厅遇到"熊孩子"追跑打逗，想要劝导家长管教时，高情商的说法是："您好，我注意到您的小孩在这里玩得很开心，但餐厅里人来人往，服务员端着热汤、热饭，如果孩子不小心碰到，可能会受伤。我想提醒您一下，为了孩子的安全，是否可以稍微引导一下他，让他在安全的地方玩耍呢？"

这样一来，家长出于对自己孩子安全的考虑，就会听从你的建议。

技巧四：运用从众心理，激发行动意愿

人类往往具有从众心理，即倾向于跟随大多数人的选择。你可以利用这一点来激发对方的行动意愿。

有这样一个故事：一家新开业的咖啡馆的店主希望顾客们能更多地选择使用自带的杯子，以减少一次性纸杯的消耗，保护环境。起初，咖啡馆在收银台旁贴了一张告示：为环保考虑，建议您自带杯子。但效果并不明显，顾客们还是习惯性地要求使用一次性纸杯。

后来，咖啡馆改变了策略，告示内容变成了：本店大多数顾客都在使用自带的杯子，为地球减负。您愿意加入我们，为环保尽一份力吗？结果，顾客们看到这条告示后，纷纷开始自带杯子，一次性纸杯的消耗量大幅减少。

这就是从众心理的力量。当你想要说服他人做某事时，可以强调大多数人都已经这么做了，从而激发对方的行动意愿。

技巧五：逆向引导，让对方自己说服自己

说教式的沟通，往往像硬把药塞给别人，容易让人反感。而逆向引导则有如春风化雨，润物无声——通过巧妙的提问和引导，让对方在自我探索中找到答案与动机，最后自己说服自己。

比如，在本节开篇的故事中，当别人抱怨"我最近又胖了，好羡慕你的身材，能锻炼得这么好"的时候，你别急着说教"那你也应该去运动"，而是应该试试逆向引导，让他自己思考："你现在也不差啊，怎么突然这么说呢？"

对方可能会笑一笑，说："其实，我也希望自己能瘦一点儿，更有自信一些。"

这时候，你再顺势引导："那你觉得有什么方法能让你实现这个目标呢？"就这样，通过提问和引导，你让他自己在思考中找到运动的动机和方案，实现真正的自我说服。

通过运用以上五个技巧，我们不仅能够有效地说服他人，还能

在这一过程中传递出尊重、理解和合作等正向信息。这样的正向沟通方式，不仅能够让对方心悦诚服，还能增进彼此的理解和信任，为建立良好的人际关系打下坚实的基础。记住，说服的艺术，不在于压倒对方，而在于引导对方，让其在自我探索中找到答案，从而实现真正的共赢。

第五节

会幽默：用风趣化解紧张与尴尬

　　小郑是初入职场的新人，他带着满腔的热情和一丝紧张踏入了这个全新的环境。他深知，在职场上，除了专业技能，人际交往同样重要。然而，对于如何快速融入团队，他心中还是有些忐忑。

　　一次团队聚会，给小郑提供了一个展示自己的机会，却也给他带来了一个意想不到的考验。聚会上，大家欢声笑语，气氛热烈。小郑也逐渐放松下来，与同事们谈笑风生。然而，就在他举杯庆祝自己成为团队一员的时候，意外发生了。一不小心，他手中的红酒洒在了自己的白衬衫上，那片刺眼的红色瞬间成了全场的焦点。

　　面对这突如其来的尴尬，小郑的心跳不禁加速。他知道，这一刻的处理方式将直接影响到他在同事们心中的形象。逃离？手足无措？这些都不是他想要的。于是，他深吸一口气，决定用幽默来化解这场尴尬。

他举起酒杯，微笑着对大家说："看来，我这件衣服也想喝点酒，庆祝一下我成为团队的一员呢！"话音刚落，全场爆发出笑声。同事们被小郑的幽默和机智打动，纷纷为他鼓掌。

这一刻，小郑不仅化解了自己的尴尬，还赢得了同事们的好感与赞赏。

会幽默，能把"危机"变"转机"

在人际交往中，我们难免会像小郑一样，遇到尴尬或敏感的时刻，这时候，一种有效的应对策略就是调动我们的幽默细胞。正如英国哲学家培根所言："善谈者必善幽默。"幽默不仅能够缓解紧张的气氛，还能巧妙地将潜在的危机变为转机。事实上，机遇往往蕴藏在危机之中，每一次危机都是展示自我、彰显智慧与能力的宝贵机会。在平凡无奇的日常生活中，人们很难展现出非凡的才华和应变能力，但在危机降临的瞬间，一个人的真正实力便会展现出来。

想想那些广受欢迎的主持人，他们之所以能够在众多同行中脱颖而出，正是因为他们在面对突发状况时，能够凭借机智和幽默妥善应对，化险为夷，从而赢得观众的一致认可。同样，许多演员也能在各种尴尬场景中展现出高情商和幽默感，从而给观众留下深刻的印象，赢得更多人的喜爱。

不仅如此，文学巨匠狄更斯也曾在生活中巧妙地运用幽默化解危机。有一次，狄更斯正在湖边安静地钓鱼，突然，一个陌生人走到他跟前，好奇地问道："先生，您在这里钓鱼吗？"狄更斯毫不犹豫地回答："是的，今天我已经钓了半天，但还没见到一条鱼。不过昨天在这个地方，我钓到了 15 条鱼呢！"陌生人听后，露出了一丝诡异的微笑，他从口袋里掏出罚单，并说道："您知道吗？我是专门负责巡检非法钓鱼的，这一带是禁止钓鱼的。"面对这样的突发情况，狄更斯并没有慌张，他迅速反应，以一种幽默而机智的方式回应道："那么，您知道我是谁吗？我是作家狄更斯，虚构故事是我的职业，所以，您不能罚我的款，因为我只是在构思我的下一个故事的情节。"这样的回答让巡检人员哑口无言，只能一笑了之。

幽默不仅仅是一种生活态度，更是一种智慧和能力的体现。它不仅能够帮助我们化尴尬为机遇，还能够帮助我们保护自己的形象，赢得他人的尊重和赞赏。学会运用幽默，人生就多了一抹亮色。

那么，如何在日常生活中培养和运用幽默感呢？下面我将分享给大家一些实用的幽默策略。

策略一：顺水推舟式幽默

当面对他人的调侃或质疑时，你可以选择顺水推舟，以幽默的方式回应。比如，当有人调侃你："这么怕辣，你还是不是四川人啊？"你可以这样轻松地回答："哎呀，我是不是该组建一个'怕辣四川人'组织呢？毕竟，怕辣的四川人也得有代表嘛！"这样的回应既避免了尴尬，又增添了趣味性，让气氛变得轻松愉快。

策略二：自嘲式幽默

自嘲是一种高级的幽默方式，在很多场景下，它不仅能够化解尴尬，还能展现你的大度与自信。比如，在不小心摔倒时，你可以笑着说："看来我需要加强锻炼了，不然我将成为一个腿脚不利索的年轻人。"这样的自嘲不仅能够缓解尴尬，还能让人感受到你的乐观和自信，拉近你与他人的距离。

策略三：反向思维式幽默

反向思维是制造幽默的有效手段。打破常规思维，以出乎意料的方式回应问题，往往能引发笑声。比如，当朋友吃苹果发现虫子而害怕时，你可以调侃说："这可是难得的'加餐'机会！多好的蛋白质啊！"这样的反向思维既缓解了紧张气氛，又增添了乐趣，让人忍俊不禁。

策略四：双关语式幽默

利用语言的双关性来打造幽默效果，也是一种常见策略。比如当有人调侃你的发型"有个性"时，你可以回应说："是啊，这是我刚从'自由发挥'理发店做出来的。"这样的回应既显得风趣，又避免了直接回答可能带来的尴尬。

策略五：逻辑置换式幽默

当面临尴尬或敏感话题时，你可以利用逻辑置换式幽默巧妙回应，以化解危机。例如，有人通过线上留言的方式对郭德纲说："老郭，你胖啦！"郭德纲立马回应："你们家电视该换了！"这样的回应既避免了直接回答体重问题，又巧妙地化解了可能出现的不愉快。

策略六：太极推手式幽默

在面对他人的讽刺或挑衅时，我们可以借鉴太极推手的原理，借力打力，以幽默的方式回应。例如，如果有人拿你的颜值来开玩笑："看来一个人的颜值和才华果然成反比。"你可以回答："嗯，我相信这句话也一直激励着你。"这样的回应既显得机智，又让挑衅者无言以对。

通过对以上几种幽默策略的学习，我们不难发现，幽默不仅是一种生活态度，更是一种处理问题的智慧。在面对尴尬或危机时，巧妙地运用幽默可以让我们更加从容地应对一切，甚至能够让我们在不利的局面中找到有利的转机。学会幽默，就是获得了一种让自己和他人都更加幸福的能力。

第四章

表达有章法：用模型打造说话逻辑

从三分钟精准汇报到用故事征服听众，从有效说服到冲突调解，掌握本章中总结的方法，再杂乱的信息你也可以清晰地表达，再大的矛盾你也可以轻松化解。

第一节

金字塔原理：逻辑清晰的表达框架

你是否遇到过下面这样的情景？

情景一：杂乱无章地汇报。你站在领导面前，一股脑儿地汇报了许多事情："领导，那个项目 A，进度有点儿慢，可能得延期。然后，客户 B 刚才打电话来，问我们那个方案怎么样了。对了，我刚才还看到市场部发了个邮件，说有个推广活动要准备。还有，那个张总，他提了个建议，说要开个会讨论新产品……"然而，领导却有些不耐烦地看着你，问道："你到底想要说什么？"

情景二：东拉西扯地讨论。在与同事讨论时，你东拉西扯地说了一大堆："老李，你觉得我们最近的项目怎么样？我觉得有时候进度真的挺难控制的。比如那个项目 C，本来以为能按时完成，结果技术部说不行。然后，我刚才还在想，客户 D 的那个需求，我们是不是得重新设计一下方案？对了，我记得上次开会时领导提到了团队建设，我觉得我们可以搞个活动。哎呀，说到活动，张总不是说要开会吗？那个会议室得提前订。"同事也只能无奈地看着你，说道："嗯……你想让我先回答哪个问题……"

情景三：混乱无序地分享。你兴奋地想和朋友分享一部电影，但说出来的话却让人一头雾水："你们知道吗？我最近看了一部电影，感觉特别棒，想跟你们分享一下。那个电影的名字我忘了，但是里面有个人物，他，嗯……做了很多事情。然后，剧情也很复杂，有很多转折，我记得有个场景是在一个桥上，还有个场景是在一个房子里。对了，电影的导演好像还挺有名的，我之前看过他的作品……"朋友一脸茫然地看着你，说道："你说的都是些什么啊？我怎么什么都没有听明白……"

从以上这些情景中，你看到自己的影子了吗？其实，这些情景都反映了一个共同的问题：说话者的表达缺乏逻辑和条理。在日常工作和生活中，我们经常需要向他人传达信息、表达观点或分享经验。然而，如果我们的表达不够清晰、没有逻辑，就很难让他人理解我们的意思，甚至可能会引发误解和沟通障碍。

为了解决这个问题，我们需要学习金字塔原理。金字塔原理是知名咨询公司的咨询顾问芭拉拉·明托（Barbara Minto）提出的，它是一种非常有效的思考和表达方法，可以帮助我们更好地组织信息、明确重点，并让表达更加有逻辑和条理。

金字塔原理的四大原则

金字塔原理包括四大原则：结论先行、以上统下、归类分组和逻辑递进。这四大原则就像金字塔的基石，支撑着我们构建有条理、有逻辑的表达方式。

1. 结论先行

结论就像金字塔的塔尖，我们的表达应该先给出结论，让听众一下子就能抓住重点，然后再进行解释和论证，这样可以让听众更快地理解我们的主要观点。

为何要先说结论呢？这与大脑的运行机制密切相关。当大脑提前得知一个结论时，它会自然地将后续接收到的相关信息归纳到这个结论之下，建立它们之间的联系。反之，若听众在接收到大量信息却未得知结论时，大脑会感到困惑，一直试图理清各种信息间的关系，导致听众听得既焦急又疲惫。因此，结论先行很重要。

假设你是一位产品经理，在团队会议上介绍新产品特性时，你可以这样说："我们即将推出的新产品具有三大核心优势——用户体验优化、成本效益提升、市场竞争力增强。接下来，我将详细解释这三大优势的具体内容。"

2. 以上统下

在给出结论后，我们需要用一系列的论据来支持这个结论。这些论据应该是有层次、有逻辑的，能够形成一个完整的论证体系。它们就像金字塔的塔身，每一层都支撑着上一层，构成了一个稳固的结构。

比如，在撰写一份市场分析报告时，你的中心论点是"当前市场正处于快速增长阶段"。然后，你可以从市场规模、市场增长率、竞争对手分析等多个方面来展开论述，每个方面的分论点都是对中心论点的具体支撑。

3. 归类分组

在给出论据时，我们需要将它们进行归类和分组。这样可以让信息更有条理，也更容易被听众理解和记忆，就像金字塔的塔基，每一块石头虽然庞大却有序地排列着。

比如，家人让你帮忙去超市买东西，如果他说："你记得买苹果、酸奶、地瓜、橘子、牛奶、土豆、葡萄、胡萝卜。"听完这一堆，我估计你一个也记不住。但如果他换个说法："你一共需要买三类东西，水果、蔬菜和奶。水果买三种：苹果、橘子和葡萄；蔬菜也买三种：土豆、胡萝卜和地瓜；奶买两种：牛奶和酸奶。"像这样把要买的东西归类之后，是不是你就更容易记住了呢？当输入的信息是有组织的时，大脑就更容易记住它，这就是分类的神奇之处。

再比如，在整理一份项目进展报告时，你可以将项目任务按照开发、测试、市场推广等阶段进行归类分组。这样可以让读者更清晰地了解项目在不同阶段的进展情况。

4. 逻辑递进

在表达时，我们需要注意论据之间的逻辑关系。论据之间应该是有递进关系的，它们能够形成一个完整的逻辑链条。这样我们的表达才能更加严谨、更有说服力。

比如，在阐述一个团队建设方案时，你可以按照"现状分析、问题识别、目标设定、方案提出、实施步骤规划、预期效果评估"的逻辑顺序来展开论述，每一步都是对前一步的深入和推进，最终形成了一个逻辑严密的论证过程。

应用案例：用金字塔原理进行报告

小张是项目经理，最近他遇到了一些麻烦：项目碰到了技术难题，外部供应商也出了问题，眼看着项目的完成时间要延期了。他知道，领导听到这个消息肯定不高兴，所以他得准备一个清晰、有条理的报告，尽量减少负面影响，争取更多支持。

于是小张开始了报告准备。他想了想，决定用金字塔原理来准备这次报告。

首先，他明确了报告的核心观点："项目将延期一个月完成，但我们已经制定了应对措施，确保项目最终能成功交付。"这样，领导一听就知道重点了。

接着，他准备了论据：他详细列出了技术难题和外部供应商的具体问题，解释了项目为什么会延期完成。这些论据就像积木一块块堆起来，支撑着核心观点。

然后，小张把这些论据归类分组，以使报告更有条理：他把"问题部分"和"解决方案部分"分开，这样领导听的时候就更容易抓住重点。

最后，小张理清了报告的逻辑顺序：他先介绍问题，再说明影响，最后阐述解决方案和下一步计划。

按照金字塔原理做好准备之后，小张站在领导面前，开始报告："领导，我有个重要的消息需要和您说。我们的项目，恐怕要延期一个月完成了。不过您别急，我们已经制定了详细的应对措施，确保项目最终能成功交付。"

他顿了顿，继续说道："这次延期，主要有两个原因。一是技术团队遇到了一些预料之外的难题，这导致了开发进度的延误；二是我们的一个关键供应商出了点儿问题，交货延期了，这对项目进度也产生了影响。"

"不过您放心，我们并没有坐以待毙。为了应对这些问题，我们已经采取了以下几项措施：首先，增加了技术团队的人员，加快问题的解决速度；其次，我们调整了项目计划，并行处理部分任务，以节省时间；最后，我们也在与供应商紧密沟通，确保他们能够尽快交货。"

"我相信，通过实施这些措施，我们能够克服当前的困难，确保项目成功交付。当然，我也希望得到您的支持和指导，使我们能更好地应对这次挑战。"

领导听完小张的报告后，虽然对项目延期完成表示了遗憾，但也对小张的准备和他提出的应对措施表示了认可，愿意给小张提供更多支持。

小张心里一松，感激地点了点头。他知道这次报告的成功多亏了金字塔原理的帮助，让他能够清晰、有条理、有逻辑地表达自己的观点，赢得领导的理解和支持。

金字塔原理其实是一种特别实用的结构化思维方法。学习并运用它，我们可以让自己的表达变得更有条理，进而提升沟通的效率和质量。无论是在职场中撰写报告、策划项目，还是在生活中与他人交流、分享想法，逻辑严谨地表达都显得尤为重要。掌握了金字塔原理，我们就能像搭建金字塔一样，从基础开始，一步步地构建出清晰、有条理的表达框架。这样的表达方式不仅能让别人更容易理解我们的观点和思想，还能让我们在沟通中显得自信和专业。所以，不妨花些时间学习和掌握金字塔原理，相信它一定会给大家的工作和生活带来意想不到的收获。

第二节

PREP 表达模型：简单四步，让表达更有力

你是否经历过下面这样的尴尬时刻？

情景一：进行苍白的辩解。你与朋友因为一个小误会争执起来，你急切地想解释清楚："我真的不是那个意思，我，我，我只是……"然而，你支吾了半天，却没能说出一个有力的理由，朋友依然一脸疑惑且不满地看着你。

情景二：进行模糊的求助。你找到同事小李，试图寻求帮助："小李，最近我忙得不可开交，项目时间紧迫，你能不能……嗯……帮我分担一些工作呢？"小李一脸困惑，不知如何回应。

情景三：提出含糊的建议。在团队会议上，你试图提出建议："我觉得，我们应该做点儿什么来提升团队的凝聚力。比如，可以组织一些活动或者进行培训。然后，嗯……大家也要多交流交流，对吧？"团队成员都看着你，不知道你的具体建议是什么。

这些场景是否让你觉得似曾相识？它们揭示了一个共同的问题：

说话者的表达欠缺清晰度和条理性。

在日常的工作与生活中，我们常常需要向他人解释想法、提出请求、分享见解或是给出建议。然而，一旦表达变得模糊不清、缺乏条理，他人就很难准确把握我们的意图，这不仅可能导致出现理解上的偏差，还可能滋生误解，进而给沟通带来障碍。

为了解决这个问题，我们需要学习一种结构化表达方法——PREP 表达模型。它可以帮助我们更好地组织信息、明确重点，让表达更加清晰有力。

PREP 表达模型的四大核心

PREP 表达模型包含四大核心：观点（Point）、原因（Reason）、例子（Example）和观点（Point）。这四大核心可以帮助我们构建清晰的沟通框架。

1. 观点（Point）

此处的"观点"就像桥梁的起点，在起点处，我们的表达应该先给出一个明确的观点，让听众一听就知道我们要表达的是什么。这个观点应该简洁明了，能够概括出我们想要传达的主要信息。

2. 原因（Reason）

在给出观点之后，我们需要用"原因"来支持观点。这些原因应该有逻辑、有说服力，能够让听众理解为什么我们会持有这个观点。原因支撑着观点，就像桥梁的桥墩支撑着桥，让桥更加稳固。

3. 例子（Example）

为了让观点更加生动、具体，我们需要给出一些"例子"来佐证。这些例子应该与观点紧密相关，能够形象地展示出观点的实际应用。例子就像桥梁上的装饰，它让我们的表达更加丰富多彩，更容易被听众理解和接受。

4. 观点（Point）

在给出例子之后，我们需要再次强调"观点"，这时候就到达了桥梁的终点。这次强调是对前面内容的总结和升华，能够让听众更加深刻地记住我们的主要观点。再次强调后，我们可以确保听众对我们的表达有一个清晰、深刻的印象。

应用实例：用 PREP 表达模型提出建议

小王是市场部的一位小领导，他发现最近团队的士气有些低落，想要提出一个建议来提升团队的凝聚力。他想了想，决定用 PREP 表达模型来提出他的建议。

首先，他明确了自己的观点："我认为我们应该组织一次团队建设活动来提升团队的凝聚力。"如此，团队成员一听就知道他的主要建议是什么。

接着，他给出了原因来支持自己的观点："最近我发现团队的士气有些低落，大家之间的交流也变少了。这可能是因为我们最近一直忙于工作，没有太多时间进行团队建设活动。而一次好的团队建设活动可以让大家更了解彼此，增强团队的合作精神。"

然后，小王给出了一个具体的例子来佐证自己的观点："我之前参加过一次非常成功的团队建设活动，那次活动让团队成员之间的关系变得更加紧密了。我们在活动中一起完成了任务，也一起分享了彼此的故事和经历。我相信如果我们也能组织一次这样的活动，一定能够提升我们团队的凝聚力。"

最后，小王再次强调了自己的观点："所以，我认为我们应该尽快组织一次团队建设活动来提升团队的凝聚力。这样不仅可以让大家更加了解彼此，还可以增强我们的合作精神，提高工作效率。"

　　团队成员听完他的建议后纷纷表示赞同，并决定尽快组织一次团队建设活动来提升团队的凝聚力。

　　PREP 表达模型是一种非常有用的结构化表达方法。通过学习和运用 PREP 表达模型，我们可以让自己的表达更加清晰有力，并提高沟通的效率和质量。掌握了这个模型，我们就能够像建造一座桥梁一样，一步步地进行清晰、有条理的正向表达，让别人理解我们的观点和思想。

第三节

RIDE 说服力模型：说服他人的四个关键

你是否经历过下面这样的时刻？

情景一：进行无力的推销。你尝试向一位潜在客户推销一款新产品，于是滔滔不绝地介绍了产品的各种功能和优点。然而，客户却只是淡淡地回应："听起来不错，但我还需要考虑一下。"你感到无奈，明明产品这么好，为什么就是打动不了客户呢？

情景二：难以说服同事。在团队会议上，你提出了一个新颖的项目方案，期待得到大家的支持。然而，同事们却纷纷提出质疑，表示这个方案可能行不通。你费尽口舌解释，却感觉自己的说服力如此有限，无法让他们改变看法。

情景三：与家人争执。你试图说服家人采纳一种更健康的生活方式，比如开始锻炼，同时改善饮食习惯。你列出了种种好处，但家人似乎并不买账，执意坚持自己的习惯。你感到沮丧，明明是为了大家好，为什么就是无法说服他们呢？

　　这些情景都指向了一个共同的问题：说话者的说服力不足。在日常生活和工作中，我们经常需要说服他人接受我们的观点、采纳我们的建议或购买我们的产品。然而，如果我们的说服力不够，就很难达到预期的效果。

　　为了解决这个问题，我们需要学习一种有效的说服方法，这就是 RIDE 说服力模型。RIDE 说服力模型是一种基于心理学和沟通学的说服方法，它可以帮助我们更好地理解和影响他人的决策过程，让我们的观点更加深入人心。

RIDE 说服力模型的四大要点

　　RIDE 说服力模型包含四大要点：风险（Risk）、收益（Interest）、差异（Differences）和影响（Effect）。它是一种非常有效的说服他人、赢得认同的方法。

1. 风险（Risk）

　　在提出建议时，我们首先要明确地说出对方如果不采纳我们的建议会有什么样的风险。这样可以让对方意识到问题的严重性和紧迫性，从而更加关注我们的建议。

　　比如，在推销一款保险产品时，我们可以这样说："您知道吗？如果没有足够的保险保障，一旦遭遇意外或疾病，您可能会面临巨大的经济压力。而我们的保险产品可以为您提供全面的保障，让您无后顾之忧。"

2. 收益（Interest）

在明确了风险之后，我们要紧接着强调我们的建议所能带来的收益。这样可以让对方看到希望和好处，从而更加愿意接受我们的建议。

我们接着上面的例子继续讲述："购买我们的保险产品后，您不仅可以享受到全面的医疗保障，还可以获得额外的投资回报。这样一来，您既可以为自己和家人的健康提供保障，又可以实现财富的增值。"

3. 差异（Differences）

在强调收益的同时，我们还要突出我们的建议与其他建议之间的差异，这样可以让对方看到我们的建议的独特优势和价值。

我们可以这样说："与其他保险产品相比，我们的产品在保障范围、理赔速度和服务质量等方面都有显著优势。选择我们的产品，您将享受到更加全面、快捷和贴心的服务。"

4. 影响（Effect）

最后，我们要展示接受我们的建议后可能带来的积极影响，这样可以让对方对未来有美好的憧憬。

我们可以这样结束推销："想象一下，当您拥有了这份保险产品后，您将不再担心意外或疾病会带来经济压力。您可以更加专注于工作和生活，享受美好的时光。而这一切，都只需要您做出一个明智的选择。"

应用案例：用 RIDE 说服力模型进行说服

小李是公司的人力资源经理，最近她发现员工满意度下降，于是她想要提出一项新的员工福利政策来改善这一状况。小李知道，要让领导接受她的提案并不容易，所以她决定用 RIDE 说服力模型来准备这份提案。

首先，她想要明确风险：近期员工满意度调查结果显示，员工对公司的福利政策感到不满。如果这个问题得不到解决，可能会导致员工流失率上升，影响公司的稳定和发展。

接着，她准备强调收益：通过实施新的员工福利政策，我们可以提高员工的满意度和忠诚度，从而降低员工流失率，促进公司发展。

然后，她想要突出差异：与其他公司的福利政策相比，我们的新政策更加注重员工的个性化需求和职业发展路径，这将使我们的公司在吸引和留住人才方面更具竞争力。

最后，她需要展示影响：实施这项新政策后，我们将看到一个更加积极、稳定和有活力的团队，这将为公司的长期发展奠定坚实的基础。

按照 RIDE 说服力模型做好准备之后，小李站在领导面前，开始讲述她的提案。领导听完小李的提案后，对她的分析和建议表示了认可，并愿意给她提供必要的支持。

　　小李听到老板的夸赞，特别开心。她知道这次提案能通过多亏了RIDE说服力模型。

　　通过学习和运用RIDE说服力模型，我们可以让自己的表达更有说服力和影响力，提高沟通的效率和质量。掌握了这个模型，我们就能一步步地构建有说服力的正向表达，让他人更加乐于接受我们的建议。

第四节

FOSSA 冲突沟通模型：化解冲突的五步法

你是否经历过下面这样的尴尬时刻？

情景一：因意见不合而争执。"这个项目就应该这样做！"你坚定地表达自己的观点，而同事却毫不退让："不，我觉得那样更好！"一场关于项目方向的争执就此展开，双方各执一词，气氛紧张。

情景二：因误解而引发冲突。"你怎么能这样做？这完全打乱了我的计划！"你生气地质问合作伙伴，而他一脸无辜："我以为你是这个意思啊……"一场因误解而引发的冲突，让合作关系蒙上阴影。

情景三：因需求冲突而困扰。"我需要你们部门提供更多支持！"你向其他部门提出需求，却遭到拒绝："我们也有自己的任务，无法满足你的要求。"部门间的需求冲突，让工作进展受阻。

这些场景是否让你感到熟悉？它们都反映了一个共同的问题：在面对冲突时，说话者缺乏有效的沟通技巧。冲突是工作和生活中难以避免的一部分，处理冲突的方式往往决定了我们的人际关系的走向。为了更妥善地解决冲突，我们需要学习一种有效的冲突沟通模型——FOSSA 冲突沟通模型。

FOSSA 冲突沟通模型的五个步骤

FOSSA 冲突沟通模型基于冲突解决的智慧，包含五个步骤：认同感受（Feeling）、确认目标（Objective）、确认现状（Situation）、解决方案（Solution）和采取行动（Action）。这五个步骤就像一把钥匙，帮助我们打开和谐沟通的大门。

1. 认同感受（Feeling）

冲突往往伴随着强烈的情绪。在沟通开始时，我们首先要认同对方的感受，理解他的立场和情绪。这样做能够降低冲突的等级，为后续的沟通打下良好的基础。

2. 确认目标（Objective）

明确双方的目标是解决冲突的关键。通过沟通，确保双方都清楚彼此想要实现的目标，这有助于找到共同的利益点，为解决方案的制定提供方向。

3. 确认现状（Situation）

客观地分析当前的状况，包括冲突的起因、影响以及双方的行为。这一步骤有助于揭示问题的本质，为后续解决方案的制定提供准确的依据。

4. 解决方案（Solution）

基于前面的分析，双方开始探讨可能的解决方案。这一步骤鼓励双方提出自己的想法和建议，共同寻找能够满足双方利益的解决方案。

5. 采取行动（Action）

最后一步是达成共识并采取行动。确保双方都同意所选的解决方案，并明确各自的行动步骤和时间表。这一步骤是冲突解决的最终落脚点，也是实现和谐的关键。

应用案例：用 FOSSA 冲突沟通模型化解冲突

小赵是项目团队中的一员，最近团队因为项目方向的问题产生了严重的分歧，气氛紧张。他决定用 FOSSA 冲突沟通模型尝试化解这场冲突。

首先，他认同了团队成员的感受："我知道大家对这个项目的方向有各自的看法，也理解大家的担忧。"

其次，他确认了双方的目标："我们的共同目标是让这个项目成功交付，对吧？那我们就需要找到一个能让大家都满意的解决方案。"

然后，他客观地分析了现状："我们现在面临的问题是项目的方向不确定，这导致了资源的浪费和时间的延误。"

接着，他又提出了解决方案："我们可以先做一个小的试点项目，看看哪个方向更可行。"

最后，他确保双方达成了共识并可以采取行动："大家觉得这个提议怎么样？如果同意的话，我们就按照这个方案来执行。"

按照 FOSSA 冲突沟通模型进行沟通后，团队成员之间的冲突得到了有效的化解。大家一致同意小赵的提议，并开始积极地推进试点项目。最终，整个项目取得了成功，团队氛围也得到了极大的改善。

FOSSA 冲突沟通模型是一种有效解决冲突的沟通方法。通过学习和运用 FOSSA 冲突沟通模型，我们可以更好地处理工作和生活中遇到的冲突问题，实现和谐与共赢。

第五节

SCQA 故事框架模型：讲好故事的万能公式

你是否经历过下面这样的时刻？

情景一：进行平淡无奇的分享。你试图和朋友分享一次旅行经历，但说起来就像流水账："我去了那个城市，然后去了景点 A，接着去了景点 B，晚上吃了顿饭，第二天就回来了。"朋友听后，一脸茫然，似乎并没有被打动。

情景二：进行缺乏吸引力的演讲。在一次公开演讲中，你按顺序罗列了大量数据和事实："这个行业的增长率是……我们主要的竞争对手有 A、B、C 三家，我们的市场份额是……"然而，听众的反应平平，没有人真正被你的演讲吸引。

情景三：进行枯燥无味的汇报。在项目总结会议上，你按照时间顺序汇报了项目的每一个步骤："我们首先做了需求调研，然后设计了方案，接着进行了开发，最后进行了测试。"领导听后，只是微微点了点头，似乎并没有留下深刻印象。

这些情景都反映了一个问题：说话者的叙述缺乏吸引力和结构性。为了让我们的表达内容更吸引人，我们需要学习 SCQA 故事框架模型，它能够帮助我们构建清晰、有吸引力的叙述结构，让表达直击人心。

SCQA 故事框架模型的四大要点

SCQA 故事框架模型包含四大要点：情境（Situation）、冲突（Conflict）、疑问（Question）和回答（Answer）。这四大要点就像故事的骨架，支撑着我们构建引人入胜的叙述方式。

1. 情境（Situation）

就像电影的开场画面一样，我们需要先描绘一个情境，让听众进入我们的故事世界。这个情境应该是具体的、生动的，能够引起听众的兴趣和共鸣。

比如，你可以这样开始讲述一个故事："那是一个风和日丽的周末下午，我独自一人走在公园的步道上……"这样的情境描述能够立刻将听众带入你的故事。

2. 冲突（Conflict）

在描绘情境之后，我们需要引入冲突，打破原有的平衡。这个冲突应该是与情境紧密相关的，能够引发听众的好奇心和紧张感。

我们接着上面的例子继续讲述："正当我沉浸在这份宁静中时，突然听到后面有人大声叫我的名字。我回头一看，发现是一位我并不认识的年轻人。他神色焦急，似乎有什么急事……"这样的冲突设置，让故事立刻充满了悬念。

3. 疑问（Question）

在冲突出现之后，我们需要在听众心中留下一个疑问。这个疑问应该是与冲突紧密相关的，能够引发听众的思考和猜测。

我们接着上面的例子继续讲述："我心中不禁疑惑，他为什么叫我的名字？难道他是我的某位老同学，而我因为时间久远已经忘记了他的面容？我在心里盘算着，不记得别人真是太尴尬了，我该怎么圆场呢？"这样的疑问设置，让听众迫不及待地想要知道答案。

4. 回答（Answer）

最后，我们需要给出答案，回答之前的疑问。这个答案需要让听众感到满足或震撼。

我们接着上面的例子继续讲述："就在我试图寻找合适的措辞时，他已经站在了我的面前，亮出了手中的证件——那是我的身份证！"这样的答案设置，不仅回答了之前的疑问，还为故事增添了反转情节和趣味。

应用案例：用 SCQA 故事框架模型进行演讲

　　小张是一家科技创新公司的市场部经理，他即将在一次行业峰会上发表关于人工智能未来发展的演讲。他决定用 SCQA 故事框架模型来进行这次演讲。

　　首先，他描绘了情境："想象一下，你走进了一个充满未来感的智能家居空间，灯光、温度、音乐，一切都能随着你的心意自动调节。"这样的情境描述立刻吸引了听众的注意力，让他们对未来的生活充满了期待。

　　紧接着，他引入了冲突："然而，当你试图与这个智能家居空间进行更深入的交互时，却发现它并不能完全理解你的意图，甚至有时会做出错误的反应。"这样的冲突设置，让听众立刻感受到了人工智能当前发展的局限性，激发了他们的好奇心。

　　然后，他提出了疑问："我们不禁要问，为什么人工智能在某些方面仍然显得如此'笨拙'？它距离我们真正期待的'智能'还有多远？"这样的疑问设置，进一步引发了听众对人工智能未来发展的思考和关注，为接下来的演讲内容做了铺垫。

　　在接下来的演讲中，他给出了答案："其实，这正是因为当前的人工智能还处在弱人工智能阶段，它主要依赖大数据和算法进行决策，缺乏真正的理解和创造能力。但正是这些挑战，激励着我们不断前行。我相信，在不久的将来，随着深度学习、自然语言处理等技术不断进步，人工智能将更好地理解人类的需求和情感，成为我们生活中不可或缺的伙伴。"这样的答案设置，不仅回答了之前的疑问，还使听众对人工智能未来发展满怀信心和期待。

这次演讲，小张成功地用SCQA故事框架模型构建了一个引人入胜的叙述结构。他的演讲不仅让听众对人工智能的当前发展有了更深刻的认识，还引发了他们对未来科技发展的无限憧憬。

SCQA故事框架模型是一种强大而有效的叙述工具，它能够帮助我们将平淡无奇的信息转化为引人入胜的故事。无论是日常分享、公开演讲还是项目汇报，只要我们掌握了SCQA故事框架模型的精髓，就能够轻松地触动人心。所以，不妨尝试一下SCQA故事框架模型，表达从此不同凡响！

第五章

关键时刻不掉链子：八大场景实战演练

职场晋升的汇报现场、孩子叛逆期的深夜对话、伴侣争吵时的情绪旋涡……人生关键时刻的表达质量往往决定关系的走向。本章针对职场、家庭、社交等场景，提供即学即用的表达话术模板，助你在人生重要时刻，轻松展现最好的自己。

工作汇报：让领导认可你的成果

场景一：在项目进度汇报会议上，领导突然发问。

领导：目前项目整体进度怎么样了？我们能否按时完成？

一般表达

你：进度还算正常，应该能按时完成吧。

正向表达

你：领导，项目进行得非常顺利。目前已经完成了 50%，我们团队正按照计划稳步推进，预计可以在规定时间内完成剩余任务。我们会继续高效工作，确保项目准时交付。

为什么这么表达

首先，我们要明确项目的完成度，展示关于进度的具体数据，这提升了回答的可信度和准确性。接着，我们通过表达按时完成任务的信心，向领导展示团队的责任感和积极态度。最后，我们承诺继续跟进项目，确保领导对团队未来工作充满信心和期望。

正向表达公式

> **明确关于进度的具体数据 + 展示信心 + 承诺按时完成**

场景二：面对项目难题，领导关切询问。

领导：项目为什么难以推进？遇到这样的难题，大家打算如何解决？

一般表达

你：嗯，确实有点难，我们正在想办法。

正向表达

你：领导，项目中遇到的技术难题确实具有挑战性。但请放心，我们已经组织了技术团队进行深入研讨，并提出了切实可行的解决方案。目前我们正在全力实施，相信很快就能取得突破。

为什么这么表达

我们首先要承认问题的存在和难度，这体现了团队的坦诚和实事求是。紧接着，我们将话题方向迅速转移到已经采取的解决措施上，展示团队工作的主动性和解决问题的能力。最后，通过表达信心，我们让领导充满积极的期待，提升团队的可信度。

正向表达公式

> **承认问题难度 + 展示解决措施 + 表明积极解决的态度**

场景三：在项目收尾阶段，领导询问成果。

领导：这个项目最终能达成什么样的成果？

一般表达

你：成果应该还不错吧，我还是比较有信心的。

正向表达

你：领导，项目预计将达成……的具体目标，为公司带来……的效益。在项目结束后，我们会立即进行详细的成果汇报，让您全面了解项目的实际成效。

为什么这么表达

我们需要直接给出项目可达成的目标和可能带来的效益，这满足了领导对成果的期待，并体现了团队对项目的清晰规划。然后，我们邀请领导在项目结束后进行成果验收，这样既能展示项目的透明度和团队的自信，也能增强与领导的互动。

正向表达公式

> **明确目标 + 展示效益 + 承诺及时汇报**

面试应聘：怎么回答才能脱颖而出

🎤 **场景一：面试时被问及自身弱点。**

面试官：你能谈谈自己的弱点或不足吗？

一般表达

你：我觉得自己执着于追求完美，有时候会对工作成果过于苛求。

正向表达

你：我希望自己的工作能方方面面都完美，虽然这有助于提升工作质量，但也可能导致我在某些细节上花费过多时间。我正在学习如何在追求完美与保证效率之间找到更好的平衡。

为什么这么表达

这是一种"明贬实夸"的回答方式，它巧妙地将一个微不足道的弱点转化为积极的品质。提到"追求完美"，这展示了我们作为应聘者对工作质量的重视和严谨的态度，而同时表示"正在学习如何平衡"则显示了我们的自我提升意识和灵活性。这样的回答巧妙地展示了我们的优点。

正向表达公式

> 提出微不足道的弱点 + 转化为积极品质 + 展示自我提升意识

场景二：面试官对你的工作经验不足提出质疑。

面试官：你的工作经验相对较少，你如何证明自己能够胜任这个职位？

一般表达

你：我虽然经验不多，但我很愿意学习。

正向表达

你：虽然我的工作经验较少，但我有非常强的学习能力和适应能力。在之前的工作中，我多次遇到新的挑战，都能迅速学习并掌握所需技能。我相信，只要给予我时间和机会，我一定能够迅速融入团队，提升自己，为公司创造价值。

为什么这么表达

在回应关于工作经验不足的质疑时，重点强调自己的学习能力和适应能力是至关重要的。这样的回答方式旨在向面试官传达一个信息：尽管我的工作经验相对较少，但我具备快速学习新知识和技能的能力，并且能够迅速适应新环境。提及过去面对挑战时能够迅速掌握所需技能的经历，可以进一步证明自己的学习能力和适应能力。最后，表达对未来融入团队、提升自己并为公司创造价值的信心，以展现自己的积极态度和潜力。

正向表达公式

承认经验有限 + 突出学习能力 + 以往例证 + 未来价值

场景三：被面试官问及为何选择这家公司。

面试官：你为什么选择我们公司？

一般表达

你：我在网上看到了贵公司的招聘信息，觉得这个岗位挺适合我的，所以想来试一下。

正向表达

> 你：在过去的几年里，贵公司在行业中取得了显著的成就，这让我深感敬佩。同时，我很喜欢贵公司的企业文化，我渴望能够加入这样一个充满活力和创新精神的团队。我相信贵公司能为我提供一个广阔的职业发展平台，让我能够不断成长和实现自我价值，并为公司的发展贡献力量。

为什么这么表达

这样的回答巧妙地展示了我们作为面试者对公司深入而全面的了解，我们不仅通过提及公司在行业中取得了显著成就来体现我们对公司成就的认可和对业务趋势的敏锐洞察，还传达出我们对公司充满热情和兴趣的态度。同时，我们表示出的对公司企业文化的喜爱凸显了我们的观念与公司价值观契合，预示我们能迅速融入团队并与同事建立良好的合作关系，这对于注重团队合作的公司来说尤为重要。

此外，我们表达了对公司作为职业发展平台的信任，彰显了我们对个人职业发展的重视和长期工作的决心，而"为公司的发展贡献力量"这一表述则进一步凸显了我们的责任感和使命感，从而帮助我们从众多候选人中脱颖而出。

正向表达公式

赞美公司成就 + 认同企业文化 + 表达个人成长的期望

场景四：面试官问及离职原因。

面试官：你为什么从上一家公司离职？

一般表达

你：我和前公司的一些管理理念不合，感觉在那里没有太多的
发展空间，所以就离职了。

正向表达

你：在上一家公司，我收获了很多宝贵的经验，也非常感谢那
里的团队和领导给予我的支持和指导。离职主要是因为我
希望迎接新的挑战，并进一步拓宽我的职业视野。在了解
到贵公司的这个机会后，我觉得贵公司是一个能够让我继
续成长和发展的理想平台，所以我决定迈出这一步，寻求
一个让我能够更好地体现专业技能和领导力的环境。

为什么这么表达

这样的回答首先表达了对上一家公司的尊重和感激，这体现了我们作为应聘者的职业素养和感恩心态。接着，我们给出了一个合理且正面的离职原因——追求新的挑战和成长机会，这展示了我们积极进取的职业态度。最后，我们通过强调面试公司提供的机会与自身职业发展的契合度表达了对获得新职位的渴望和期待。

正向表达公式

> 感激前公司 + 合理且正面的离职原因 + 对新公司机会的期待

场景五：面试接近尾声时，面试官询问你是否有问题要提问。

面试官：最后，你有什么想要问我的吗？

一般表达

你：嗯……暂时没有问题，谢谢。

正向表达

你：非常感谢您给我这个宝贵的机会，我确实有几个问题想要向您请教。首先，我想了解一下，如果我有幸加入贵公司，作为新员工，公司将提供哪些培训和支持来帮助我更快地融入团队和适应工作？其次，对于这个职位来说，您认为最重要的技能或素质是什么？了解这些，我可以更好地为未来的工作做准备。最后，请问贵公司未来的发展方向和战略重点是什么？我想了解并尽我所能去支持公司的长远发展。

为什么这么表达

在面试的最后阶段，当面试官询问我们是否有问题时，这是一个展示我们对职位和公司兴趣的绝佳机会。通过提出有针对性的问题，我们可以表现出自己的主动性和对未来工作的认真态度。这些问题不仅能够帮助我们更深入地了解公司文化、职位需求和公司发展方向，还能够帮助我们向面试官展示我们的职业规划和长期承诺。

正向表达公式

表达感谢 + 提出相关问题 + 表明问题背后的积极心态

会议发言：高效传达你的观点

场景一：在方案讨论会上，领导询问大家的意见。

领导：对于这个新方案，大家有什么意见吗？

一般表达

你：这个方案看起来还不错，我没什么特别的意见。

正向表达

领导，我认为这个方案整体上很有创意，特别是其中提到的……我觉得非常具有前瞻性。不过，在仔细思考后，我有几点建议可以和大家分享。首先，关于……我们是否可以考虑加入一些具体的实施步骤和时间安排？这样会使执行更加明确和高效。其次，对于……我建议我们进一步细化风险评估和应对措施，以确保项目在遇到挑战时有迅速应对的方法。

为什么这么表达

这样的正向表达不仅肯定了方案的优点，还提出了一些有建设性的改进建议。这样做既表达了我们对团队工作的尊重和支持，又展示了我们的批判性思考和积极参与的态度。通过提出具体的建议，我们可以帮助团队更全面地审视方案，从而提高项目的成功率。

正向表达公式

> **肯定方案优点＋提出有建设性的建议**

✏️ 场景二：在团队会议上，你想要分享关于新项目的想法或建议。

一般表达

你：我觉得我们可以试试这个项目，应该会挺有意思的。

正向表达

你：各位同事，我想分享一下关于新项目的构想。在深入研究市场需求和行业趋势后，我发现我们有机会开发一款创新产品，以满足客户的特定需求。这不仅能够为公司带来新的增长点，还能巩固我们在行业中的领先地位。所以，我认为这是一个很好的机会，我希望得到大家的宝贵意见和支持。在具体实施方面，我愿意牵头组织一个小组，进一步细化这个方案。

为什么这么表达

　　首先，我们需要明确提出关于新项目的构想，并简要说明项目的市场潜力和价值。其次，我们邀请团队成员提供意见和支持，打造团队合作的氛围。最后，我们通过表示愿意牵头组织实施，展示主动性和责任感。

正向表达公式

> 提出想法 + 阐述市场潜力和价值 +
> 邀请团队提供意见和支持 + 展示主动性

✏️ 场景三：在会议上，你需要回应他人提出的对你的方案的质疑。

一般表达

　　你：你说得好像有道理，我再想想。

正向表达

　　你：非常感谢您的反馈。确实，这个方案在某些方面还有待完
　　　　善。不过，我们已经考虑到了一些潜在的风险和挑战，并

制定了相应的应对策略。同时，我们也非常欢迎大家提出宝贵的意见和建议，我们一起共同完善这个方案。我相信，通过我们的共同努力，这个项目一定能做得更好。

为什么这么表达

首先，我们需要感谢对方的反馈，表明尊重和开放的态度。其次，我们要承认方案有待完善，同时表明已经有所准备，展示团队的成熟度和应变能力。最后，我们再次邀请所有成员共同完善方案，强调团队合作的重要性。

正向表达公式

感谢反馈 + 承认方案有待完善 + 展示应对策略 + 邀请共同完善

销售谈判：让客户心甘情愿买单

场景一：客户询问价格。

客户：你们的产品价格是多少？

一般表达

你：我们的产品价格是 ×× 元。

正向表达

你：我们的产品价格是 ×× 元，这个价格是基于优质材料、精湛工艺以及完善的售后服务制定的。与同类产品相比，我们的产品性价比非常高，而且我们目前正在进行促销活动，现在购买的话会更加划算。

为什么这么表达

我们在提供价格信息的同时，也说明了价格的合理性和产品的价值，以及当前的优惠活动，这样表达能吸引客户的注意力，激发客户的购买欲望。

正向表达公式

明确价格＋阐述价值＋促销信息吸引

场景二：客户提出你销售的产品的竞品价格更低。

客户：你们的产品价格比你们的竞争对手的产品价格要高，我为什么要选择你们？

一般表达

你：我们的产品质量更好，所以价格稍高。

正向表达

你：我们理解您对价格的关注。确实，我们的产品价格可能略高于某些竞品价格，但这正是因为我们坚持使用高品质的材料和提供卓越的售后服务。长期来看，选择我们的产品将为您节省更多的维护和更换成本。

为什么这么表达

我们通过强调产品质量和售后服务来合理解释价格差异，同时暗示客户低价产品可能会带来额外成本，从而使客户增强对我们的产品的信任感。

正向表达公式

理解客户关注点 + 合理解释价格差异 + 强调长期价值

场景三：客户对产品功能表示怀疑。

客户：你们的产品真的有那么好吗？我怎么听说有其他用户反映存在一些问题？

一般表达

你：我们的产品是经过严格检测的，质量有保证。

正向表达

你：我们非常理解您的担忧。请放心，我们的产品均经过严格的质量把控和测试，以确保其性能良好。针对您提到的其他用户反馈的问题，我们已经在新版本中进行了改进。我们始终致力于为客户提供最优质的产品和服务。

为什么这么表达

我们首先要表示理解客户的疑虑，然后向客户展示公司对产品质量和客户反馈的重视，以及持续改进的决心，从而使客户增强对产品的信心。

正向表达公式

理解客户疑虑 + 质量控制说明 + 承诺提供优质产品和服务

场景四：客户要求额外的折扣或优惠。

客户：如果你们能给我更大的折扣，我就考虑购买。

一般表达

你：很抱歉，我们的价格已经是最低的了，无法再提供更大的折扣。

正向表达

你：我们非常感谢您对我们的产品有兴趣。虽然我们的价格已经非常具有竞争力，但为了表达我们的诚意，我们可以为您提供一些额外的增值服务或赠品。

为什么这么表达

　　我们通过提供额外的增值服务或赠品来回应客户的折扣要求，既保持了产品的价格体系稳定，又展示了公司的灵活性和对客户的关怀。这种回应方式更有可能促成交易并提升客户满意度。

正向表达公式

> **感谢关注 + 价格竞争力说明 + 提出提供额外的增值服务或赠品**

✏️ 场景五：客户表示需要再考虑考虑。

　　客户：我再考虑考虑吧。

一般表达

　　你：好的，您慢慢考虑。

正向表达

　　你：我完全理解您，毕竟做出购买决定需要慎重。不过，我想
　　　　提醒您的是，我们的产品目前库存有限，而且我们正在进
　　　　行限时优惠活动，过了这个时间段，产品价格可能会有所

调整。如果您现在下单，不仅能享受到优惠的价格，还能确保您能够及时获得产品。当然，如果您有任何疑问或需要进一步了解，我们的团队会立即为您提供帮助。

为什么这么表达

我们首先要表达对客户需要考虑的理解，然后通过提及库存有限和限时优惠来创造一种紧迫感。这样做可以激发客户的购买欲望，因为他们可能会因担心错过这个优惠或产品缺货而购买。同时，我们也表示会提供必要的支持，以消除客户在购买过程中遇到的任何障碍。这种表达策略旨在引导客户从考虑转变为实际购买。

正向沟通公式

表示理解 + 价值呈现 + 限时激励 + 持续支持

升职加薪：为自己赢得认可

场景一：得知公司有一个晋升名额，你希望自己能抓住这个机会，于是你向领导表达升职意愿。

一般表达

你：我是团队中资历最老的成员，我觉得我能够胜任这个岗位。

正向表达

你：领导，我了解到公司有一个晋升名额，我非常希望能够获得这个晋升机会。在过去的几年里，我成功完成了多个重要项目，不仅积累了丰富的经验，也深刻理解了公司的业务需求和运营模式。例如，在之前负责的××项目中，我凭借精细化的项目管理模式和高效的团队协作，成功将项目周期缩短了20%，同时确保了项目交付质量，最终客户满意度也提升了15%。我深信，这些努力和成长已经为我打下了坚实的基础，使我具备了晋升到更高职位的能力和素质。如果能够获得这个晋升机会，我将以更加饱满的热情和更加专业的能力，继续为公司创造更大的价值。

为什么这么表达

　　这样的表达不仅表明了我们对升职的渴望，还详细阐述了自己为什么值得升职。我们通过列举过去的成绩和经验，并依靠具体的例子和数据来展示自己的专业能力和对公司的价值。同时，我们也表达了升职后将更加努力的决心，体现了对公司的忠诚和个人的责任感。

正向表达公式

　　明确表达晋升意愿 + 展现过往努力与成长 + 承诺晋升后更加努力

　　场景二：一个重要的项目刚刚完成，你想借此机会向领导提出加薪。

一般表达

　　你：我认为我在这个项目中贡献很大，所以希望公司能给我加薪。

正向表达

你：领导，首先衷心感谢您给予我负责这个关键项目的宝贵机会。通过我们大家的共同努力，项目已经圆满完成，这个过程对我来说不仅是一次职业成长方面的历练，更是对公司贡献的证明。在这个项目中，我倾注了大量心血，也取得了显著的成绩，为公司带来了可观的效益。考虑到我在这个项目中的付出以及展现出的专业能力和价值，我希望能与公司共同探讨一下我的薪资调整问题。合理的薪资提升不仅是对我个人努力和价值的认可，也能进一步激发我的工作热情和创造力，未来我将以更饱满的热情继续为公司贡献力量。

为什么这么表达

这段表达细致而诚恳地表述了我们对项目的投入和所取得的成绩，同时明确而礼貌地提出了加薪的请求。通过强调个人努力与公司效益之间的联系，以及薪资提升对个人和公司的双重意义，我们加薪的请求就变得更加合理且有力了。

正向表达公式

> 感谢机会＋说明成果＋阐述付出与价值＋提出加薪请求与理由

年会交际：自信得体地展示自我

场景一：在年会上，你想要给领导敬酒。

一般表达

你：领导，我敬您一杯。我干了，您随意。

正向表达

你：领导，非常感谢您一年来的悉心指导和无私支持。在您的引领下，我们团队取得了不俗的成绩。这杯酒，我代表自己和团队，向您表达最深的敬意。愿公司在您的带领下，新的一年再创辉煌！

为什么这么表达

这样的表达不仅是与领导的简单交际，更是融入了我们这一年来对领导的感激之情和对公司未来的美好祝愿。通过敬酒，我们既表达了对领导的尊重，也展示了自己的团队意识和归属感。

正向表达公式

感谢指导 + 阐述成绩 + 表达敬意 + 未来祝愿

场景二：开年会时，领导和你说"辛苦了"。

一般表达

你：不辛苦，都是我应该做的。

正向表达

你：谢谢领导的关心，这一年我们确实付出了很多，但看到团队的成果和公司的发展，我觉得一切努力都是值得的。新的一年，我会继续努力，为公司贡献更多力量。

为什么这么表达

这样的回应既表达了我们对领导关心的感谢，也确认了自己的付出，并进一步表明了继续努力的决心。这样的回应积极、正面，能够给领导留下好印象。

正向表达公式

> **感谢关心 + 确认付出 + 表明决心**

场景三：在年会上，领导当众夸奖你的工作表现。

一般表达

你：没有没有，领导过奖了。

正向表达

你：非常感谢领导的肯定和鼓励。这些成绩离不开领导的指导和同事们的支持。新的一年，我会继续努力，为公司的发展贡献更多的力量，不辜负大家的期望。

为什么这么表达

对领导的夸奖表示感谢，体现了我们对领导的尊重和对自己的认可。将成就归功于领导和团队，展现了我们的团队合作精神和个人谦逊品质。最后表达继续努力的决心，则凸显了我们的责任感和进取心。

注意，"没有没有，领导过奖了"的说法虽然表现出一种谦虚的态度，但可能过于自谦，会显得我们有些不自信。在公众场合，这样的回应可能会让领导和其他同事觉得我们不愿意接受自己的成就，或者对自己的能力缺乏信心。此外，它还可能让领导感到尴尬或被冒犯，因为领导可能真心认为我们值得夸奖。因此，在回应夸奖时，我们既要保持谦虚，也要展现出对自己工作的自豪感和对未来的积极态度。

正向表达公式

感谢肯定 + 称赞领导与团队之功 + 未来努力承诺

亲子沟通：与孩子建立信任的对话

场景一：孩子成绩下滑，非常沮丧。

孩子：妈妈，我这次没有考好。

一般表达

你：你怎么回事？为什么成绩下滑这么多？

正向表达

你：宝贝，想必你心里也一定不好受吧。我想知道你是不是在学习上遇到了什么困难或者挑战？我们可以一起坐下来讨论一下，看看如何帮助你解决问题。我相信你有能力克服困难，我们一起努力吧。

为什么这么表达

面对孩子成绩下滑，这样的表达体现了我们作为家长的理解和支持。通过询问孩子的感受和遭遇的困难，我们可以更好地了解孩子的需求，进而提供帮助。此外，表达对孩子的信任和鼓励，有助于增强孩子的自信心和面对困难的勇气。

正向表达公式

> 表达共情 + 开放式询问原因 + 表示支持与信任 + 承诺共同努力

🎤 场景二：孩子取得了进步或成就，非常兴奋。

孩子：爸爸，我这次数学考试得了 95 分。

一般表达

你：不错不错，你这次考得很好！

正向表达

你：你这次数学成绩进步太大了，从之前的 80 分提高到了 95 分，这真的很了不起！这说明你在解决问题时展现出了优秀的逻辑思维能力。同时，这也是你努力的结果。我真为你感到骄傲。希望你能继续保持对学习的热情，不断突破自我。

为什么这么表达

我们首先通过描述具体的分数提升来明确肯定孩子的进步，让孩子知道自己的努力是有成效的。同时，表扬孩子在解决问题时展现出的优秀品质，这样不仅能够增强孩子的自信心，还能激励他继续发展这些品质。此外，我们要强调努力是取得进步的关键因素，这有助于孩子形成正确的价值观。最后，鼓励孩子保持对学习的热情和对知识的渴望，以激发他的学习动力，实现持续发展。

正向表达公式

明确具体进步＋表扬品质＋肯定努力与成果＋鼓励持续发展

场景三：孩子提出想参加课外活动，在征求你的意见时，你担心会影响学习。

一般表达

你：你总是想着玩，太浪费时间了，我不同意！

正向表达

你：听起来你对这个活动很感兴趣，这是个好事。我支持你去尝试和探索新的领域，这不仅能丰富你的课外生活，还能培养你的创造力和实践能力。当然，我们也要确保你能平衡好学习和课外活动的时间。你觉得自己能够合理安排时间吗？如果需要我的帮助，尽管告诉我。

为什么这么表达

家长的支持和鼓励对孩子来说是非常重要的。通过这样的正向表达，我们不仅表明了对孩子兴趣的支持态度，还引导孩子思考如何合理安排时间，以培养其自主能力和责任感。同时，我们还表现出愿意提供帮助的态度，使孩子能感受到家庭的温暖和支持。

正向表达公式

肯定兴趣＋支持探索＋建议合理安排时间＋承诺提供帮助

场景四：你注意到孩子有一些不良习惯，希望他能改正。

一般表达

你：你再不改我就真的生气了！

正向表达

你：我注意到你最近有些沉迷于手机游戏，这可能会对你的学习和生活产生一些负面影响。我知道改变一个习惯并不容易，但我相信你有足够的毅力和决心去克服困难。我们可以一起制订一个计划，帮助你逐步改正这个不良习惯。我会一直陪伴在你身边，支持你、鼓励你。

为什么这么表达

我们需要以理解和支持的态度与孩子沟通，而不是简单地指责和下命令。我们要与孩子共同制订改进计划，让孩子感受到自己的主动性和责任感。同时，我们的陪伴和支持也是孩子改正不良习惯的重要动力。这样的表达方式有助于亲子之间建立信任和合作关系，促进孩子健康成长。

正向表达公式

指出不良习惯 + 表达理解 + 共制计划 + 鼓励支持

亲密关系：让伴侣更懂你的心

场景一：伴侣因工作进展得不顺利，情绪低落。

伴侣：我今天真的很不开心，所有事都是一团糟。

一般表达

你：别难过了，事情会过去的。

正向表达

你：亲爱的，我能感受到你现在的情绪很低落，我理解你。我在这里陪着你，如果你想倾诉，可以和我说说具体发生了什么。如果你需要建议，也随时告诉我，我和你一起想办法。

为什么这么表达

面对伴侣的负面情绪，我们首先要做的是表达共情，并表示自己可以提供支持。当伴侣开始倾诉时，务必保持耐心，克制直接给建议的冲动，好好倾听，以免让伴侣感到自己的情绪被忽视或无法得到真正的理解。待到对方情绪平复，再共同探讨解决方案。

正向表达公式

> **表达共情 + 承诺陪伴 + 感性倾听 + 共制解决方案**

✒️ 场景二：你与伴侣在某个问题上产生了分歧，伴侣坚持自己的想法。

一般表达

你：你怎么这么固执？简直不可理喻！

正向表达

你：亲爱的，我们在这个问题上有不同的看法，这很正常。我尊重你的观点，同时也想表达一下我的想法。或许我们可以坐下来一起讨论，找到一个双方都能接受的解决方案。

为什么这么表达

在面对分歧时，尊重和理解是解决问题的关键。通过正向表达的方式，我们能够营造一个开放和平等的对话环境，从而增进彼此之间的了解和信任。在沟通的过程中，务必保持冷静和尊重，避免出现情绪化的言辞和行为。我们可以通过提问和倾听来了解伴侣的想法和需求，共同寻找解决问题的最佳途径。

正向表达公式

了解分歧 + 尊重差异 + 共同探讨

✎ 场景三：伴侣在工作中取得了重要成就，与你分享喜悦。

一般表达

你：真不错啊！很棒！

正向表达

你：太棒了！我真为你感到骄傲和高兴！这一定是你付出了很多努力才换来的成果。你是怎么做到的？快和我分享一下！我特别想知道。

为什么这么表达

当伴侣取得成就时，我们的赞美和鼓励能够让其感受到被重视和被认可，从而增强彼此之间的情感联系。同时，我们可以引导伴侣继续分享自己的经历和感受，比如问"你是怎么做到的""后来呢""你一定很激动吧"等，以此来引导对话深入进行。这样做，我们能够更多地了解伴侣的想法，也能够为对方提供更多情绪价值，从而提升彼此之间的亲密度。

正向表达公式

热情赞美 + 引导分享